科技赋能快递业创新发展

主　编　朱晓磊

副主编　焦彦敏　罗　凯
　　　　张　东　李华民

人民交通出版社股份有限公司

北京

内 容 提 要

本书分为快递业科技发展现状与成就、快递业科学技术与应用、快递业科技创新面临的形势、快递业科技发展趋势、快递业科技发展任务与保障共5个部分，通过梳理分析快递业科技发展现状、行业目前面临的机遇与挑战，展望未来快递业科技发展趋势和科技重点研发方向，进而推动快递业科技创新，加快邮政强国建设步伐，为构建新发展格局作出积极贡献。

图书在版编目(CIP)数据

科技赋能快递业创新发展 / 朱晓磊主编. — 北京：人民交通出版社股份有限公司，2021.12

ISBN 978-7-114-17702-6

Ⅰ.①科… Ⅱ.①朱… Ⅲ.①快递—邮政业务—研究—中国 Ⅳ.①F632

中国版本图书馆 CIP 数据核字(2021)第233568号

Keji Funeng Kuaidiye Chuangxin Fazhan

书　　名：科技赋能快递业创新发展
著 作 者：朱晓磊　等
责任编辑：周佳楠　周　宇
责任校对：赵媛媛
责任印制：刘高彤
出版发行：人民交通出版社股份有限公司
地　　址：(100011)北京市朝阳区安定门外外馆斜街3号
网　　址：http://www.ccpcl.com.cn
销售电话：(010)59757973
总 经 销：人民交通出版社股份有限公司发行部
经　　销：各地新华书店
印　　刷：北京虎彩文化传播有限公司
开　　本：787×1092　1/16
印　　张：5.75
字　　数：116千
版　　次：2021年12月　第1版
印　　次：2021年12月　第1次印刷
书　　号：ISBN 978-7-114-17702-6
定　　价：60.00元

前　言

创新是当今时代的重大命题。新一轮科技革命和产业变革的不断深入，更加凸显了加快提高科技创新能力的重要性和紧迫性。从国际上来看，当今世界正经历百年未有之大变局，逆全球化势头加剧，单边主义上升，这给我们带来严峻挑战。应对这些挑战，就要在面向世界科技前沿、经济主战场、国家重大需求、人民生命健康等方面，不断推动科学技术创新的广度和深度。从国内来看，党的十八大以来，以习近平同志为核心的党中央高瞻远瞩、审时度势，把科技创新摆在国家发展全局的核心位置，高度重视科技创新，围绕实施创新驱动发展战略、加快推进以科技创新为核心的全面创新，提出一系列新思想、新论断、新要求。党的十九大明确指出，我国经济已由高速增长阶段转向高质量发展阶段，发挥科技创新在全面创新中的引领作用，加快形成以创新为主要引领和支撑的经济体系和发展模式，实现“两个一百年”奋斗目标。因此，要贯彻落实党的十九大精神，坚持创新在我国现代化建设全局中的核心地位，努力构建各类创新主体协同互动和创新要素顺畅流动、高效配置的良好创新生态，积极推进创新发展。科技创新是推动现代企业发展的基本力量，是现代企业竞争力的重要源泉，是快递业实现可持续发展的内在要求与必然选择。

快递业是国家重要的社会公用事业，是助力生产发展、推动流通方式转型、促进消费升级的现代化先导性产业。“十三五”期间，我国快递业发展规模不断扩大，快递业务量持续高速增长。2020年，全国快递服务企业业务量累计为833.6亿件，同比增长31.2%，平均每个月处理69亿件包裹，每日处理量突破2亿件。面对如此庞大的快递处理量和已经来临的行业增速放缓，快递企业的运营压力不断增强，就需要通过加大科技投入，提高效率与客户体验，以获得市场竞争力。当前，以大数据、云计算、人工智能、物联网、区块链、5G(5th Generation Mobile Communication Technology，第五代移动通信技术)及量子信息为代表的新一代信息技术取得新的突破并加快应用。融合机器人、数字化、新材料的先进制造技术正在加速推进制造业向智能化、服务化、绿色化转型。以清洁高效可持续为目标的能源技术的发展将引发全球能源变革。科技创新从来没有像今天这样深刻影响着国家前途命运，从来没有像今天这样深刻影响着人民幸福安康。我国经济社会发展比过去任何时候都更加需要科学技术解决方案，更加需要增强创新动力。这些科技革命和产业变革为今后一个时期快递业科技创新工作创造了难得的发展机遇，也对行业科技创新工作提出了更高要求。

"十三五"期间，快递业切实加大科技引导力度，企业充分发挥科技创新主体作用，共同推进行业科技进步，各方面取得新的成效。快递业科技创新能力正在从"量的积累"向"质的飞跃"、从"点的突破"向"系统提升"转变，对促进快递业持续健康发展发挥了重要作用。尤其是近年来，随着大数据、云计算、人工智能等先进技术与行业的融合发展，一批"黑科技"不断推广应用，快递业科技创新和应用水平持续提升。然而，尽管行业科技水平有了明显提升，但相对于经济社会发展和人民群众美好生活的需要，相对于快递业转型升级和高质量发展的要求，科技创新仍然存在不少短板和不足。"十四五"时期是我国由全面建成小康社会向基本实现社会主义现代化迈进的关键时期，是我国转型发展、创新发展、跨越式发展的关键时期，也是全面推进邮政强国建设、推动快递业高质量发展的重要时期。快递业将在畅通国内国际供需循环、构建国内国际双循环相互促进的新发展格局方面进一步发挥积极性和主动性，开启邮政强国建设新征程，服务促进经济社会发展。

作　者

2021 年 5 月

目　录

第一章

快递业科技发展现状与成就

创新是引领发展的第一动力，是建设现代化经济体系的战略支撑。快递业作为现代服务业的重要组成部分，是推动流通方式转型、促进消费升级、助力生产发展的现代化先导性产业。"十三五"以来，快递业切实加大科技引导力度，有关企业充分发挥科技创新主体作用，共同推进行业科技进步，各方面取得新的成效。本章梳理了国内外快递业科技发展现状与成就，系统分析了我国快递企业发展态势以及目前面临的良好科技创新环境，为推进快递业转型升级、提质增效提供关键支撑，为建设邮政强国奠定了坚实基础。

第一节　我国快递业发展概述

快递业是现代服务业的重要组成部分，是推动流通方式转型、促进消费升级、助力生产发展的现代化先导性产业，在降低流通成本、支撑电子商务、服务生产生活、扩大就业渠道等方面发挥了积极作用，已成为我国国民经济中的重要产业和新增长点。"十三五"以来，快递业深入贯彻落实习近平总书记重要指示批示精神，着力优环境、激活力、建网络、搭平台、通渠道、促协同、提能力、拓海外、强监管，行业供给结构持续优化，要素资源流动活跃，产业融合日趋紧密，市场活力全面迸发，绿色安全水平不断提升，行业治理体系和治理能力现代化加快推进，全面建成与小康社会相适应的现代快递业胜利在望，为建设邮政强国奠定了坚实基础。

一、快递行业市场规模不断扩大

"十三五"以来，我国快递行业以每年两位数的增速保持持续快速发展，目前中国已成为全球发展最快、最具活力的新兴寄递市场。2020 年，全国快递服务企业业务量累计达 833.6 亿件，同比增长 31.2%；业务收入累计达 8795.4 亿元，同比增长 17.3%。"十三五"期间，快递业务量和业务收入分别增长 3 倍和 2.1 倍，包裹快递市场规模连年稳居世界第一，如图 1-1、图 1-2 所示。

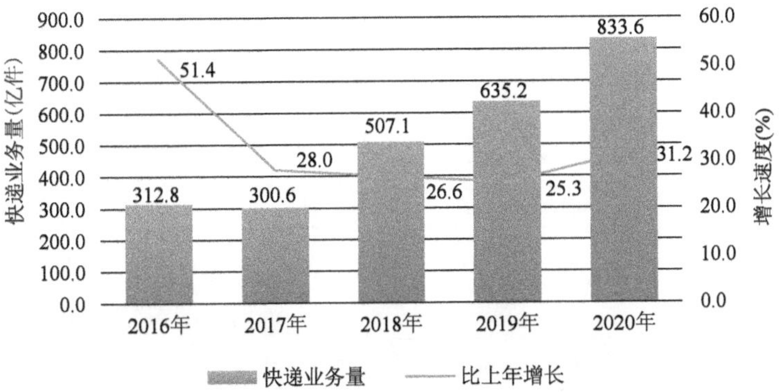

图 1-1　2016—2020 年快递业务量及其增长速度

二、快递行业基础设施布局持续完善

从快递网点布局来看，2016—2020 年我国快递企业营业网点数量整体呈现增长趋势，截至 2019 年底我国共有快递服务营业网点 21 万处，同比增长 5.5%。图 1-3 所示为 2016—2019 年快递企业营业网点数量及其增长速度。

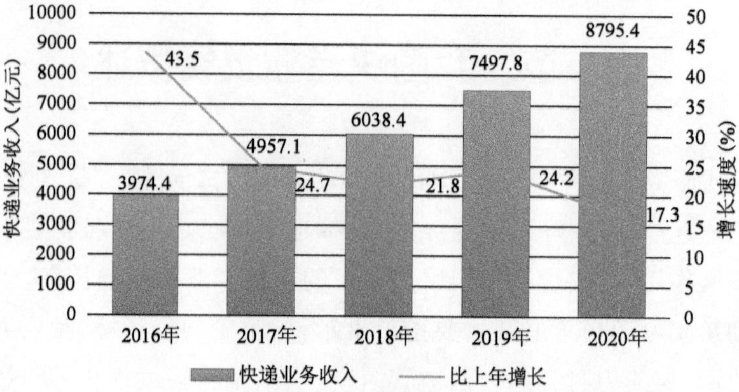

图 1-2　2016—2020 年快递业务收入及其增长速度

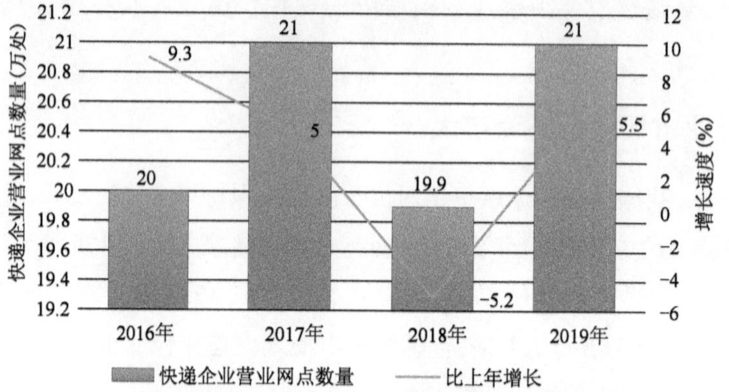

图 1-3　2016—2019 年快递企业营业网点数量及其增长速度

从快递服务车辆规模来看，2016—2018 年，我国快递业拥有汽车数量呈现增长趋势。截至 2019 年底，我国快递服务汽车数量达到 23.7 万辆，如图 1-4 所示。

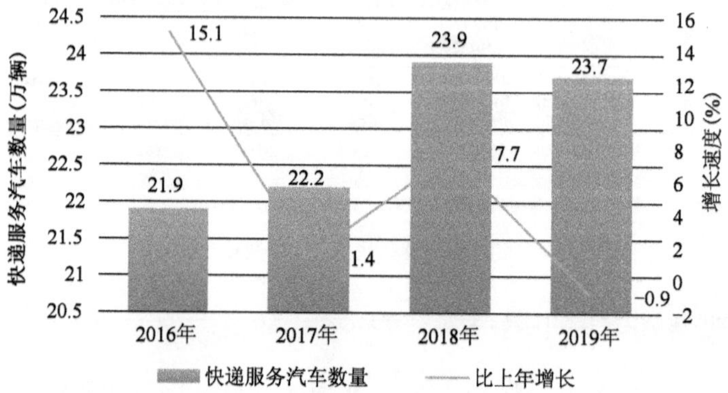

图 1-4　2016—2019 年快递服务汽车数量及其增长速度

从快递专用货机规模来看，2016—2018 年，我国快递专用货机数量呈现增长趋势，2018 年达到 116 架，2020 年专用货机增加到 122 架，如图 1-5 所示。随着新零售、新商业在中国国内的创新和全球化拓展，中国快递行业的航空运输正迎来新一轮发展机遇，专用货机的应用在国内主要是面向中高端电商客户群体，助力生鲜产品的运输提速和市场拓展，对外是进一步拓展国际市场领域的基础设施条件。

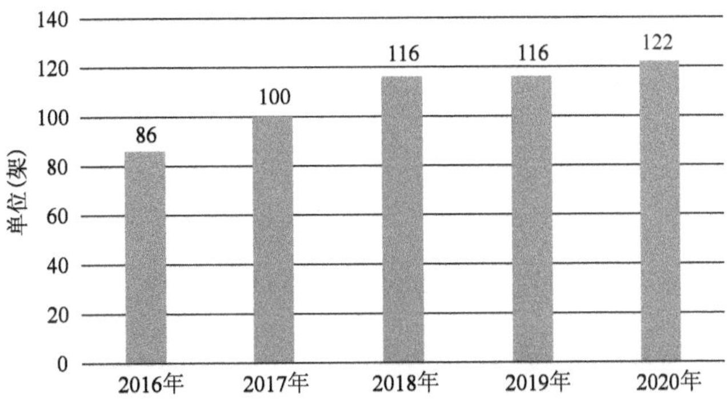

图 1-5　2016—2020 年快递专用货机数量

三、快递行业人员就业增长成效显著

"十三五"期间，快递行业新增就业 100 万人以上，年支撑制造业产值超过 1.2 万亿元，带动工业品下乡和农产品进城销售超过 1.5 万亿元，对一、二、三产业支撑更加有力，在打赢脱贫攻坚战、实施国家重大战略等方面取得一批重要成果，为打通大动脉、畅通微循环作出积极贡献。庞大的业务规模提供了海量就业岗位，随着新技术应用和快递服务的多元化，更多的新职业将在快递行业诞生。2020 年快递行业新增社会就业 20 万人以上，支撑网络零售额 10 万亿元以上，在经济社会发展中作用凸显，为扎实做好"六稳"工作、全面落实"六保"任务作出了积极贡献。据测算，每天 150 件快递就可以稳定一人就业，快递业每年新增就业在 20 万人以上。件量增加需要大量快递人员来支撑，末端网点铺设需要人力保障，服务领域拓展也需要新的岗位。快递行业为国家稳就业保民生作出贡献。

四、快递服务满意度不断提升

2016—2019 年我国快递服务满意度调查得分呈现逐年上升趋势。如图 1-6 所示，2020 年快递服务总体满意度得分为 76.7 分。其中，公众满意度得分为 84.2 分，较 2019 年上升 0.2 分；时测满意度得分为 69.2 分。"十三五"期间，快递服务总体满意度较"十二五"末期提升 2.7分，其中公众满意度提升 3.7 分。寄递服务用户体验大幅提升，快递服务产品体系不断丰富，在业务量持续高速增长的背景下，服务时限水平基本保持平稳上升趋势，消费者满意度持续提升。随着大数据、云计算、物联网和人工智能等一批先进科技在快递业广泛应用，特别是全自动化分拣流水线的投入使用，大幅缩短了快件的处理时限，促进快递服务在受理、揽收、投递、售后和信息服务等环节服务水平全方位提升。

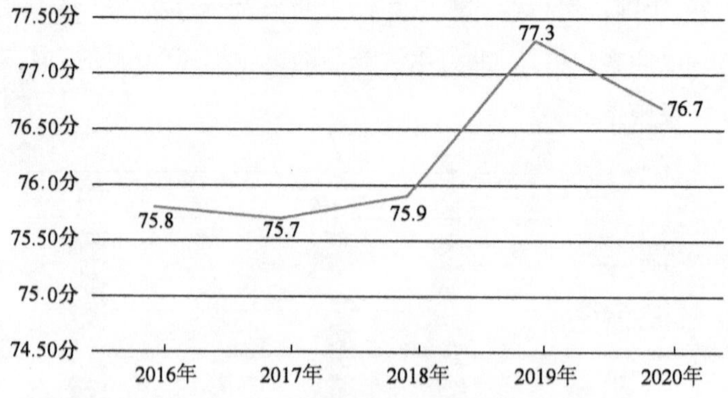

图1-6 2016—2020年快递服务满意度得分

五、快递行业服务民生能力稳步增强

"十三五"期间,快递服务的可及性、均衡性不断提升,快递服务遍布城乡并开始向村一级延伸。快递服务平均价格从2015年的13.4元/件下降到2020年11.29元/件,五年间下降了15.7%。2019年,全国快递企业日均服务消费者3.5亿人次,靠快递递送的实物商品网络零售额超过8.5万亿元,占全社会消费品零售总额比重达到20.7%,成为传统电子商务和直播电商、社交电商等新型业态快速壮大的重要支撑力量。快递网点基本实现乡镇全覆盖,快递服务产品体系更加完善,延误、损毁和丢失等问题显著改善。行业服务满意度持续提升,有效申诉率不断下降。寄递渠道平稳畅通,五年来未发生重特大安全事故,重大活动保障有力。2020年新冠肺炎疫情期间,快递行业全力保障防疫物资和政务民生寄递服务。中国邮政、顺丰和京东等13家快递企业第一时间开通全国驰援武汉救援物资和海外捐赠国内防疫物资两条运递"绿色通道",全力保障机要通信安全和党报党刊投递服务,"数百万快递员冒疫奔忙",打造了新冠肺炎疫情期间永不中断的供给线、生命线,累计发运车辆8.75万台次、货运航班779架次,寄递防疫物资48.98万吨。开办"邮寄办""医药通"等政务民生寄递业务,组织援外医疗物资和留学生"健康包"运递,在特殊时期发挥了特殊作用。

第二节 国外快递业加速科技发展布局

本章主要采用文献查阅的方式,对美国、德国、英国、日本和瑞士等发达国家的邮政企业以及FedEx、DHL、UPS等国际快递企业的科技布局进行分析,介绍了世界发达国家在邮政快递领域科技创新与应用的关键技术,为我国快递业科技创新领域和应用方向提供重要参考。

一、美国邮政

2020年9月,美国运输部发布了首个《国家货运战略规划》(以下简称《规划》)。该《规划》评估了综合货运系统现状表现和发展制约，明确了愿景目标，提出了战略任务，拟成为美国货运政策制定、投资项目实施和体制机制改革的纲领性文件。此《规划》对研判我国货运趋势、提高货运行业治理能力和谋划“十四五”时期货运发展重点具有参考意义。在科技创新方面，《规划》确定了货运创新目标，为通过支持数据、技术和劳动力能力提升为长远发展奠定基础，促进货运全系统性能提升。为推动技术和商业创新应用，美国运输部将聚焦于新技术、数据分析工具等应用推广，强化创新型货运技术研发应用的推动者角色，提高货物运输效率和安全性。具体的任务包括：支持自动化和车联网技术开发应用，支持无人机系统技术安全部署，精简或取消部分不适用法规，完善货运数据分析、建模以及分析模型工具，增强劳动力专业能力，投资于货运领域研究工作，制定针对货运领域创新的监管框架。

2020 年 1 月，美国邮政（United States Postal Service）公布了新一轮五年战略《数字战略（2020—2024）》，而其上一轮五年战略（2017—2021）尚未到期。在这个时点公布新一轮五年战略，可见美国邮政的改革与转型已经迫在眉睫。新一轮战略以如何在复杂多变的市场环境中维持财务健康为核心内容，明确到 2024 年实现 5 个战略目标：传递世界一流的客户服务体验、加大力度培养员工、加快创新、投资未来平台、全力支持立法和监管改革。新一轮五年战略有以下三个方向的改变：一是品牌价值不再来源于传统、单一的实体寄递服务，而是通过数据链接传递价值的新服务；二是从最高效的“最后一公里”寄递服务商转变为最高效的物流及电商寄递平台；三是从运营固定网络转变为管理快速、高效、更具韧性的物流生态系统。

美国邮政科技应用情况表现在：

（1）分拣系统与投递点捆包机方面，美国邮政 2003 年开始研制扁平件排序分拣系统和投递点捆包机，这些分拣系统可以按投递顺序同时分拣函件和扁平件，然后将同一投递点的函件和扁平件包装在一起，从而提高快件处理效率，降低成本。

（2）无人机送货方面，例如 2016 年 3 月无人机创业公司 Flirtey 在美国城市区域完成了首次政府批准的无人机送货测试。在当时的测试中，Flirtey 的无人机借助 GPS（Global Positioning System，全球定位系统），将紧急用品运送到内华达州霍桑市的一处无人居住的房屋。

（3）配送中心拣货机器人方面，亚马逊以 7.75 亿美元的价格收购了自动化物流提供商 Kiva 的机器人仓储业务。目前在美国已有超过 3 万台 Kiva 机器人在亚马逊的配送中心工作。正常的配送中心一般都为商品设立专门的货位，而亚马逊则在货物入库后将其随机摆放。用户下单后，系统对 Kiva 机器人下达拣货指令，算法为其规划一条可以取到所需货物的最短路线。

（4）电动三轮车方面，电动三轮车的应用响应了劳德代尔堡市“绿色投递计划”和“零排放，零事故”的号召，助力该市实现可持续发展的目标。

二、德国邮政

2019 年,德国邮政敦豪集团发布了名为“在数字世界中实现卓越”的战略。根据该战略,到 2025 年,德国邮政敦豪集团将加快数字化转型,全面更新 IT 系统,整合新技术,为员工提供高级培训,稳步改善服务、流程和标准,提升核心业务的中长期盈利能力和发展潜力。战略预计投入 20 亿欧元,预计每年产生至少 15 亿欧元的效益。此外,德国邮政敦豪集团还为 2022 年预测期设定了具体目标,包括息税前利润至少增至 53 亿欧元;2020—2022 年期间累计产生 45 亿 ~ 55 亿欧元的自由现金流;集团资本支出计划从 2020 年起到 2022 年在 85 亿 ~ 95 亿欧元之间。

德国邮政作为全球物流的领导者之一,对行业前景一直保持充分前瞻性。DHL 在研究报告——《2018/2019 物流趋势雷达》中,将未来可能对物流行业产生影响的 28 个关键趋势,以雷达图形式进行排列,得出了一些重要结论:在 5 年内,对物流业影响较大的因素包括数字化、绿色能源、全渠道物流、大数据分析、物联网、机器人、云物流等;在 5 年以上的更长时期内,对物流业影响较大的因素包括人工智能、自动驾驶、3D 打印、超级网格物流等。

德国邮政科技应用情况表现在:

(1)RFID(Radio Frequency Identification,射频识别)技术方面。德国邮政较早应用了 IPC(Inter-Process Communication,进程间通信)组织开发的 UNEX 系统,采用半有源双频 RFID 标签跟踪管理国际邮件服务质量;与德国 Quotas 公司合作采用无源双频 RFID 标签跟踪管理国内邮件服务质量。在冷链的仓储和运输过程中,将智能 RFID 标签放置在与运输物品相同的环境中,不仅可以实时检测和记录物品所处环境的温度、湿度、震动等物理量,还能够以无线通信方式将数据传送到相应的管理信息系统中,实现对冷链物流过程的管理和控制。

(2)订单拣货机器人方面。例如 2016 年,德国邮政在德国乌纳的仓库内开展了一个测试项目,即利用机器人技术实现自动化订单拣货。两辆 EffiBOT 自动拣货车跟在拣货员身后,围在货架系统周围拣货,一旦满载,拣货员将自动拣货车送到指定地点卸货,另一辆拣货车再投入拣货。这种拣货方式实现了单一订单到多订单的高效拣货,且整个流程更符合人体工学规律,即员工无须亲自推拉沉重的货车,解放了员工的双手。除了 EffiBOT 拣货车,德国邮政还在仓库货架内测试自主导航的联合包装机器人和移动拣货机器人,通过人机协同提供增值服务。

(3)快递交付机器人方面。应用于快递交付环节的机器人看起来就像是安装有轮子的桌子,可用于放置货物,并可跟随员工帮助他们运输和携带沉重的包裹。一旦邮递员停止行走,机器人就会停止,只有快递员继续前进时,机器人才会继续行驶。

(4)包裹装卸机器人方面。德国邮政 DHL 创新中心采用激光测量、伺服控制和计算机控制等技术,开发了直角坐标和圆坐标两种类型的包裹装卸机器人。包裹装卸机器人最大能够抓取重 31.5 千克、外形尺寸达到 60 厘米 ×60 厘米 ×80 厘米的包裹,能够模拟人工装卸动作将包裹放置传输皮带机上。原型机器人现在 1 小时仅能装卸 600 余件包裹,还达不到人工装卸 800 余件每小时的效率。德国邮政 DHL 创新中心还将与合作伙伴继续改进机器人的结构、计算机控制程序、装卸动作等,以提高机器人的工作效率和系统的稳定性。

(5)绿色包装方面。德国在 1975 年推出了世界上的第一个由绿色箭头和白色箭头组成的圆形图案的绿色包装"绿点(green-dot)"标识,1977 年又推出了专门为绿色环保产品及绿色包装产品设计的"蓝天使"绿色环保标识。目前,德国邮政正在大力推行绿色包装的应用。

三、英国邮政

2019 年,英国邮政发布了名为"转型和增长"的战略,目标是建立一个以包裹为主导的、更加均衡的、多样化的业务结构。新一轮发展战略的量化目标分为"增长、效率、多样化"3 个维度,即到 2023/2024 财年,收入达到 120 亿英镑,5 年平均增长率达 2% ~3%,利润率超过 5%,超过 70% 的收入来自包裹,超过 40% 的收入来自国际业务。战略任务之一是重振英国业务,英国邮政计划了一笔 1.33 亿英镑的转型支出,包括 4600 万英镑的自愿退休计划和 8700 万的项目计划,目标是每年实现工时降低 3%,以及将机器分拣比率由目前的 12% 提升至 80% 以上。战略任务之二是扩大 GLS 公司规模,到 2023/2024 财年,实现 45 亿欧元的收入,利润率达到 6% ~7%。战略任务之三是发挥 RoyalMail 和 GLS 的品牌、网络优势,瞄准欧洲、北美和亚洲市场,大力发展跨境寄递业务。

英国邮政科技应用情况表现在:

(1)包裹自动分拣机方面。包裹自动分拣机能够识别包裹上的二维条码;对于没有条码的包裹,分拣机可以通过光学字符识别技术读取地址信息;可分拣包裹的尺寸小到一张 CD,大到登机行李箱;可分拣包裹的质量范围在 0.05 ~3 千克之间。对于包裹自动分拣机的推广使用,英国邮政相关负责人称,包裹自动分拣机满足了公司包裹运营的自动化需求,有助于提升英国邮政的竞争力。

(2)无人车送货技术方面。例如英国生鲜电商 Ocado 在伦敦街头进行为期 10 天的无人车送货技术试验,通过无人车 CargoPod 将货物从仓库直接发送至用户家门口。这辆微型自动驾驶车 CargoPod 由英国科技公司 Oxbotica 研发,它拥有 8 个杂货箱,可容纳 128 千克的货物,并且可在 3 千米的住宅街道上自动行驶。另外,CargoPod 内设多个摄像头以及雷达传感器,它可以通过脉冲激光照射目标以测量车辆与目的地之间的距离和障碍物等。当用户要取走在网上订购的食物和杂货时,需要自己输入密码,并按下车辆侧面的按钮来解锁他们的杂货箱。

(3)电动货车方面。英国皇家邮政目前在伦敦开始试运行9辆全电动车,驾驶范围可达160千米。这些运输车采用的是革命性的超轻型复合材料,可以显著降低车辆的重量,并将这种技术与Arrival公司的定制硬件相结合,其运营成本降低了50%以上。从2017年8月23日开始,邮政运营商试验使用3.5吨、6吨和7.5吨电动车。这些车辆被用于城市和周边地区快件和配送中心之间的包裹运输。

(4)逆向物流方面。英国邮政还提供逆向物流服务,为零售商的退货活动提供服务,对错投、损坏、撤销订购的商品进行退货管理。

四、日本邮政

日本邮政最为关注的国内宏观因素是"低出生率+老龄化"。根据日本总务省2019年公布的数据,日本65岁以上人口在总人口中占比为28.4%,这一比例将在2025年、2040年和2050年分别达到30%、35%、40%。为了应对劳动力流失影响,日本邮政采取了"提升运营效率+加快智能应用"的一揽子举措,主要针对现有模式的进一步推广,以及新技术的加快应用两个层面。新技术应用重点为3项:

(1)路径规划与优化。日本邮政的试验数据表明,利用人工智能进行配送路径规划与优化,能大幅减少配送总耗时。在同一区域、同等配送面积和配件量下,新员工平均耗时44分钟,有经验的员工平均耗时14分钟,而采用路径规划与优化后,平均耗时下降到了6分钟。

(2)推广无人机投递。日本邮政的试验数据表明,在9千米距离的点对点运输上,传统车辆耗时25分钟,无人机耗时15分钟。日本邮政计划将无人机首先运用到山区和海岛配送服务中。

(3)推广配送机器人。除了安全要求、空域和路权限制之外,新技术对大数据的依赖程度极高,这是推动邮政业转型的关键资源,也将是未来行业技术门槛和核心竞争力所在[1]。

日本邮政从2021年2月26日到3月下旬在千叶县习志野市的自动锁式公寓内导入多台自动配送机器人,进行将物品配送到各个房间前的行驶实验。预计配送时间将达到最大减少30%的效果,目标是在2023年内实现实用化。从防盗方面的观点出发,即使公寓内有多个配送地点,每次投递时,投递员都要回到自动锁的玄关外面得到入内许可,成了效率化的障碍。机器人长约54厘米,宽约50厘米,高约76厘米,可以搬运约10千克的物品。试验中,在9层的公寓里使用了5台机器人。快递员用智能手机从公寓内叫出机器人,并装载配送的物品。机器人通过内置摄像机等回避障碍物,用红外线操作电梯的同时,将物品送到各个房间前。居

[1] 资料来源:《日本邮政2019财年经营情况概览》

民用智能手机收到到达通知,领取物品。日本邮政计划将来向新建高级公寓出售该产品❶。

五、瑞士邮政

瑞士邮政参与了由瑞士联邦公路局和联邦空间发展署主导的瑞士地下物流系统(Cargo Sous Terrain,CST),是瑞士交通适应数字经济时代的一项颠覆性创新。CST 隧道长 450 千米,运输量将占地上货物流量的 40% 以上,可以极大缓解既有物流系统负担,并补充新的运力。CST 一期工程计划于 2023 年开工,到 2030 年尼德比普地区和苏黎世之间约 70 千米长的管道建成投入使用,到 2045 年,整个系统将逐步扩展为一个货物运输管网,从日内瓦至圣加仑、从巴塞尔到卢塞恩均可实现货物的无缝衔接运输。CST 包含两大系统:隧道系统、城市物流系统。隧道系统全天候三车道运行。每个物流枢纽处,全自动升降道井可将托盘或集装箱中的货物送入/送出隧道。轮式自动驾驶车辆(通过感应轨道自行驱动)在隧道中以 30 千米每小时的速度行驶。每辆车最大可容纳 4 个托盘的货物(或适当尺寸的集装箱),必要时可以实现冷链运输。为便于少量或小件物品(如书籍、药品)快速运输,上部隧道区域设有高架轨道,其速度是轮式自动驾驶车辆的 2 倍。地上部分,CST 的自动驾驶电动车辆可装卸货物。城市物流系统与隧道系统高度集成,全部采用电动车运输,整个过程无噪声污染并尽可能实现无人驾驶。3 个坐落于城郊的物流中心(Hub)设有自动化交接区域,可连通所有运输方式。集成智能控制系统确保货物从 Hub 到市中心全流程的协调。

在推动和发展低能耗环保运输方面,瑞士邮政积累了多年的实践经验,低能耗环保行动已被融入日常信件投递产品与物流服务中。自 2012 年以来,推广使用贴有"亲气候"标签的信函/包裹来抵消碳排放,2021 年开始国际物流件也叠加了这项碳减排功能,同时不向客户收取任何额外费用,而全部由瑞士邮政承担。瑞士邮政管理部门批准了一整套有助于实现企业环保责任目标的措施。包括将可持续性标准纳入管理和支持体系,例如采购流程;制订气候目标和可回收客户解决方案;改造和替换油耗车辆为电动能环保驾驶系统;建筑设施系统性使用可再生能源替代化石燃料供暖;同时,瑞士邮政也运营着最大的光伏系统之一。瑞士国会确认将在 2050 年实现全国碳中和,实现长期碳中和的战略目标需要瑞士邮政将低能环保与现有的基础设施更加紧密地结合起来,发挥国家级大型企业的作用,并将新产品和服务视为增加价值的机会,预计仅运输设备的全方位油改电将使成本大幅降低❷。

六、FedEx

FedEx(FedEx Express,联邦快递)是全球最大的快递运输公司,为 220 多个国家和地区提

❶ 资料来源:邮政研究院官方微信公众号

❷ 资料来源:邮政研究院官方微信公众号

供快速、可靠的快递服务。从1984年进入中国市场以来，FedEx已经在中国成立了84家分公司，为中国的企业和客户提供了可靠的国际、国内递送服务，帮助连接中国企业与全球网络。近日，FedEx宣布，到2040年将实现全球业务碳中和运营的远大目标。集团旗下拥有全球最具规模的货运航空公司之一。为了实现这一目标，FedEx将在车辆电动化、可持续能源和碳固存三个关键领域投入超过20亿美元的初始资金。最近，FedEx在JUST Capital发布的2021年"美国最公正公司"环境类榜单中位列行业首位。在《新闻周刊》发布的"2021年美国最负责任企业"榜单中，FedEx在旅行、运输和物流领域排名第一[1]。

FedEx科技应用情况包括：2018年2月，FedEx便已加入区块链运输联盟（Blockchain in Transport Alliance，BiTA），与物流行业的其他合作伙伴一起探索区块链技术的潜在应用。加入BiTA组织的还有另外一家运输巨头UPS，该组织目前在制定行业标准，探索利用区块链技术跟踪货运、管理物流。FedEx还推出了一项试点项目，计划通过研究分布式账本的应用来缓解快递发送和接收过程中客户的纠纷。FedEx也想用区块链来存储交易记录。区块链技术通过计算机代码，将每一步交易和传输数据记录在永久性分布式账本中，保证了信息的透明度。除非所有相关方同意，否则该分布式账本不可进行更改。这将减少时间戳、支付费用、货品损毁等传统物流过程中的常见争议。无人驾驶载货汽车方面，FedEx正尝试进一步将快递自动化。FedEx正在与公司Peloton Technology合作；后者利用半自动驾驶技术，将多台载货汽车通过电子设备组合成"一排排小商队"。这套系统使用无线网络让车与车之间互相交流，并让领头的载货汽车驾驶员控制后面车辆，从而达到减少风阻和节省燃料的目的。新材料方面，FedEx新增了3200余辆新能源车；根据载货量和行车里程，合理调整行车路线、由专家指导减少空趟行车、培训驾驶员控制车速减少油耗、鼓励使用铁路和水运等综合运输方式。2015年，仅凭增加使用铁路运输方式一项，FedEx就多载运货物约907吨，节省汽油约7600万升，减少排放二氧化碳20.7万立方吨；积极研发航空生物燃料等可替代性资源。

七、DHL

1969年，DHL（Dalsey，Hillblom and Lynn，敦豪航空货运公司）开设了第一条从旧金山到檀香山的速递运输航线，公司的名称DHL由三位创始人姓氏的首字母组成。很快，DHL把航线扩张到中国香港、日本、菲律宾、澳大利亚和新加坡。在DHL致力建立起一个崭新的、提供全球门到门速递服务的网络的构想下，在20世纪70年代中后期DHL把航线扩展到南美洲、中东地区和非洲。从2001年1月起，德国邮政世界网络将其在DHL的股份增加到51%。这种协作产生的效应使DHL的业务继续得到良好发展，并显示出了DHL巩固其在国际航空速递领域的主导地位的决心。通过收购股份，DHL已成为德国邮政全资子公司，总部设于布鲁塞

---

[1] 资料来源：FedExPlus官方微信公众号

尔，除快递业务外，DHL 还包含丹莎海运、Exel 物流等子品牌；由于美国市场的失利，DHL 于 2008 年底宣布退出美国国内快递市场，而只专注于国际快递。

DHL 科技应用情况表面在：

(1) DHL 全球快递网络采用了部分(Artificial Intelligence，人工智能)技术进行细致的地址管理，从而提高了运送效率，并保证送达准确性。

(2) 在清关可视化方面，DHL 也将 AI 技术融入工作流程中。

(3) 流程可视方面，客户可通过清关关键进程检查点，了解货物清关状态，时刻掌握清关进展。

(4) 在交互可视方面，系统可以将现有各类系统信息整合，进行分析，根据既有清关信息及清关习惯提出建议，提升清关效率。

DHL 和沃尔沃载货汽车公司合作，加速引进重型电动载货汽车，用于欧洲的区域运输。这一共同努力标志着向气候中立交通解决方案迈出了重要的一步。当前，电动载货汽车的主要用途是在城市和市区内短途行驶。DHL 和沃尔沃载货汽车公司已经启动了一个专注于长途重型运输的项目。此次合作包括对沃尔沃 FH 全电动载货汽车进行全球首次独家试点测试，总质量可达 60 吨。该载货汽车将在瑞典的两个 DHL 货运物流终端之间运行，单程距离约为 150 千米。在试验过程中，沃尔沃和 DHL 将获得建立和运营充足的充电基础设施的重要经验和信息。收集到的信息将有助于优化日常道路货运运营中操作距离、负载重量和充电点之间的正确平衡。DHL 的目标是将所有与物流相关的碳排放减少到零。在实现这一目标方面已经取得了重要的里程碑：与 2007 年相比，DHL 的二氧化碳排放效率提高了 35%。这都是创新的技术解决方案和强大的合作关系的结果❶。

八、UPS

UPS(United Parcel Service，Inc.，美国联合包裹运送服务公司)在 1907 年作为一家信使公司成立于美国华盛顿州西雅图，是一家全球性的公司，其商标是世界上知名商标之一。UPS 是世界上最大的快递承运商与包裹递送公司，同时也是专业的运输、物流、资本与电子商务服务的领导性的提供者。UPS 每天都在世界上 200 多个国家和地区管理着物流、资金流与信息流。通过结合货物流、信息流和资金流，UPS 不断开发供应链管理、物流和电子商务的新领域，如今 UPS 已发展到拥有 300 亿美元资产的大公司。2017 年 6 月，《2017 年 BrandZ 最具价值全球品牌 100 强》公布，UPS 快递排名第 16 位。在 2018 年世界五百强公司排行榜中，UPS 快递位列 138 位。

UPS 每年处理将近 40 亿件货品，全球设有 1800 处转运中心，并拥有一条大型铁路和 270

---

❶ 资料来源：邮政研究院官方微信公众号

多架货机组成的机队，还拥有9.5万辆陆运货车。依托庞大的运输团队，UPS能够在全球200多个国家和地区展开业务。但是这家巨无霸物流企业的核心是位于肯塔基州的路易维尔（Louisville）转运中心，也被称为UPS世界港。UPS世界港是目前全世界最大的物流中转中心：营运面积达37万平方米，相当于80个美式橄榄球场地大小，拥有44个航站近机位。仅营业场地内的传送带就有1.9万个，总长达150千米，货物每秒移动5米以上。UPS世界港共有9000名雇员，中转中心的核心构建是一条信息高速公路，这里每小时处理超过5000万笔交易信息。UPS世界港集中处理来自当地转运中心的所有货物，堪称是全球最先进的货物分拣设施。

UPS科技应用情况表现在：

（1）区块链技术方面。BiTA于2017年11月8日宣布UPS将帮助开发区块链技术在各种系统中的使用标准，如包裹跟踪系统以及推动运输方和行业内其他应用之间的付款的系统等。UPS正在调查区块链如何能够被用于其海关报关业务，旨在了解区块链技术能否帮助UPS摆脱很大程度上仍旧基于纸质文件的流程，并迈向一种供消费者和第三方组织使用的、更加高效和共享的平台。

（2）无人机方面。UPS一直在开展包括无人机在内的自动化操作和机器人技术测试。UPS与Workhorse合作研发的一款无人机从UPS货车顶部起飞，将包裹递送至收件人家中，随即返回至货车。而且这种无人机已具备自主能力，无须驾驶员控制，快递员可以在无人机飞离时放心递送其他包裹。

（3）3D打印方面。UPS在其位于肯塔基州路易维尔的大型车间装配了上百台工业3D打印机。整个作业流程相当简单，合作公司提供可3D打印的部件，或者需要用3D打印部件简单装备的产品。当消费者下单后，UPS收到需求任务，把它们交给3D打印机完成，在打印和组装完成后，便会直接发送给消费者。

第三节　我国快递业科技创新现状

“十三五”以来，快递行业全面提升科技创新能力和水平，为快递业高质量发展注入新动能。在新一轮信息革命的推动下，以互联网、物联网、云计算、大数据、人工智能、区块链、AR（Augmented Reality，增强现实）、VR（Virtual Reality，虚拟现实）等为代表的新一代信息技术创新和渗透应用不断深入，5G网络基础设施快速布局，电子商务迅猛发展，为快递业带来重大发展机遇的同时，也带来了深刻变革。互联网、大数据、人工智能和快递行业的深度融合，将有力促进快递业数字化和智能化转型，提升行业核心竞争力。科技创新已经成为推进快递业转型升级、提质增效的关键支撑。经过长期以来的不断努力，快递业科技创新理念扎根于行业、企业,科技创新能力大大增强,科技创新成果不断涌现,科技创新体系已初步形成,科技创新的引领驱动作用日益显现。

一、快递市场规模增长驱动科技创新

改革开放以来中国快递企业得以快速发展,对于快递企业来说,科技创新已经不是选择题,而是必答题。2020 年全国快递包裹量为 833.6 亿件,平均每个月处理 69 亿件包裹,每日处理量早已突破 2 亿件。面对如此庞大的快递处理量和已经来临的行业增速放缓,对快递的运营压力不断增强,对利润的追求越发紧迫,对快递企业来说,业务量的剧增带来的是对土地和劳动力的需求暴增,但土地有限,劳动成本持续上升,需要扭转发展模式,那么就需要加大科技投入,提高效率与客户体验,以获得市场竞争力,快递业涌现出了一批技术含量高、应用效果显著的优秀成果❶。

一是机器人大显身手。全国建成上百个智能化分拨中心,"小黄人"自动分拣机器人超过 6 千台,350 台"小黄人"组成的系统每小时分拣能力为 1.8 万件,并开始走向欧美和东南亚国际市场。大批能够负重的仓储机器人、配送机器人在不同场景推广应用。二是无人机、无人仓初露锋芒。邮政集团在浙江、四川、贵州、云南等地开通多条无人机邮路,大幅缩短党报党刊投递时限;顺丰在江西赣州建立无人机末端配送运行管理平台,开展常规配送服务;京东在陕西、江苏、海南、青海等地开通 100 多条无人机配送路线,实现常态化运营。顺丰、京东、菜鸟、苏宁等企业在全国建立多个无人仓,依靠无人技术,提升自动化水平,实现了由"人找货"到"货找人"高效转型。三是智能终端加速普及。全行业手持终端不断创新迭代,性能大幅提升,广泛用于收寄、信息传输、分拣、派件各环节,极大提升作业处理效率。截至 2019 年底,全国已投入运营智能快件箱 40.6 万组,投箱包裹数占整体投递件数的比率超过 10%,宅递、箱递、站递多元投递格局已经形成。

二、科技应用助推快递降本增效成效显著

行业积极推行科技供给侧结构性改革,有力地促进了企业提升运行效率、降低运营成本,企业市场竞争力和可持续发展能力不断增强。电子运单全面替代传统运单,每单收寄时间节约 90% 以上。截至 2019 年底,全国电子运单使用率达 98%,年可节约用纸量相当于 617 亿张 A4 纸。电商快件不再二次包装率达 52%。循环中转袋使用率达 75%,总使用量同比减少 96.4%,年节约一次性塑料编织袋 24.8 亿条。全行业回收再使用包装箱 2 亿个,投入使用可循环箱(盒)约 200 万个,使用共 8000 万次,节约纸箱 7800 万个。45 毫米以下"瘦身胶带"封装比例达到 75%,每件快件平均同比减少使用胶带近 20%,减少 4.5 亿米胶带使用量。运输

❶ 资料来源:中国邮政报

更加清洁低碳环保,行业使用新能源或者清洁能源车辆达4.3万辆。企业普及自动分拣设备、完善信息化系统、优化网络组织,大大缩短平均寄递时限,在快递业务量年均增长超100亿件的情况下,重点城市平均寄递时限仍缩短了2.6小时。自动化分拣设备加速推广应用,减少分拣人员30%以上。国产自动化分拣设备每套价格从3000万元降低到1000万元,累计为企业节约采购成本超过40亿元。无人仓采用AGV(Automated Guided Vehicle,自动导向搬运车)、云计算和物联网等技术,减少操作人员70%以上。集成机器学习、自然语言处理、搜索引擎等技术的智能客服系统,能够减少传统客服人员30%以上。智能快件箱(信包箱)大规模普及,快递员平均投递效率提升了40%以上。

三、快递企业自主创新能力持续提升

近年来,快递企业和科研院校在技术攻关、人才培养、经费投入等方面加大力度,行业科技创新能力快速提升。邮政集团整合科技创新资源,加强自主研发能力建设,推进自动化、智能化技术应用。顺丰科技员工数量从2016年的2000人到2019年已突破5000人,近年来研发投入每年翻倍增长,在智慧物流建设、人工智能和大数据研发应用方面取得显著成效。京东物流共有科技研发人员2600余人,在无人仓、无人机、无人车等领域研发应用步伐持续加快。圆通、中通等企业纷纷成立科技公司,加大区块链、自动化处理、供应链管理等方面投入。2019年,圆通投入近4亿元支持科技创新和研发支出,主要用于基础设施和科创平台的搭建、人才团队及信息化系统的构建。通过持续创新车辆管理模式、投入自有干线运输车辆、提升车辆装载率、优化干线路由和提高自有货运航空的使用效率和运行能力,圆通已经形成“成本下降→业务量上升→通过规模效应带来成本进一步下降”的良性循环。北京邮电大学、南京邮电大学、重庆邮电大学、西安邮电大学4所邮电大学加快建设现代邮政学院和邮政研究院,通过学科建设和产学研合作,着力加强行业科技人才的培养,推进科研教育与企业需求紧密对接。北京邮电大学现代邮政学院首批学生于2019年顺利毕业,为行业发展注入新生力量。全行业加快创新型领军人才培养,印发《邮政行业科技英才推进计划管理办法》,组织开展首次推荐工作;84人享受国务院政府特殊津贴,19人获得“交通运输青年科技英才”荣誉称号,3400余人通过快递工程技术人员职称评定,打通快递企业专业技术人员成长通道。

四、科技发展面临问题与挑战

多年来,我国快递业科技水平提升明显,科技创新在提高管理效率,促进降本增效等方面发挥作用显著。但相对于经济社会发展和人民群众美好生活的需要,相对于快递业转型升级和高质量发展的要求,科技创新仍然存在不少问题和挑战。

一是科技创新体制机制有待进一步健全。行业科技创新工作机构设置与体制机制尚不健全,科技管理制度还比较欠缺,跨层级、跨领域的科技工作机制还未建立,对行业科技创新的统筹规划和引导不足，政策支持和激励力度有待加强。国家邮政局与交通运输部、国家发展和改革委员会、科学技术部等部门沟通协调机制尚需强化。以企业为主体的科技研发应用机制有待加强，技术标准尤其是与数据采集和应用相关的标准体系还需完善。

二是科技创新发展基础有待进一步夯实。行业总体科技应用水平、科技创新对行业发展的贡献度有待进一步提升，科创成果转化和应用的平台、系统和数据基础有待进一步加强。企业之间存在明显的数据壁垒，基础元数据相关标准执行不到位，行业现有数据汇聚远未达到融合应用程度，数据共享亟待突破。如中通、圆通等企业 50% ~60% 的寄递数据来自菜鸟的派发，企业在挖掘数据价值、提升服务质量上受到制约。第三方科技服务平台支撑不足，成果转化推广不力，科技创新对于行业整体提质增效的作用尚未充分发挥。

三是科创人才队伍建设有待进一步加强。全行业尚未形成健全的科技创新专业人才培养体系，优秀科技人才储备库尚未建立，专业人才引培、使用、成长通道和相关制度有待加强。大数据、云计算、人工智能、物联网、区块链等科技领军人物稀缺，既懂技术又懂业务的高水平专家型人才需求缺口较大。行业企业内科技人才培养机制、激励机制不健全，如中国邮政、顺丰、京东、圆通、中通等邮政快递行业龙头企业虽已经建立专业科技队伍，但人员占比仍然偏低，且科技人员流动性较大。

第四节 我国快递企业发展态势

一、中国邮政

中国邮政集团有限公司（以下简称“中国邮政”）是依照《中华人民共和国全民所有制工业企业法》组建的大型国有独资企业，依法经营各项邮政业务，承担邮政普遍服务义务，受政府委托提供邮政特殊服务，对竞争性邮政业务实行商业化运营。中国邮政为国务院授权投资机构，承担国有资产保值增值义务。财政部为中国邮政的国有资产管理部门。经国务院批准，自 2015 年 5 月 1 日起，中国邮政由现行的母子公司两级法人体制改为总分公司一级法人体制，在全国各省、自治区、直辖市，各地市、县设置邮政分公司。中国邮政经营的主要范围：国内和国际信函寄递业务，国内和国际包裹快递业务，报刊、图书等出版物发行业务，邮票发行业务，邮政汇兑业务，机要通信业务，邮政金融业务，邮政物流业务，电子商务业务，各类邮政代理业务，国家规定开办的其他业务。目前，中国邮政科技创新体系基本形成，科技创新能力逐步增强，科技创新成果不断涌现，科技创新效果日益显现。中国邮政在科技方面进行了大量卓有成效的创新和应用工作，为邮政改革发展提供了强有力的支撑。

为实现建成世界一流邮政企业的远景目标，中国邮政制定了“信息化引领的科技兴邮战略”，即：加快信息化步伐，应用先进技术改造传统业务，引领产品创新，提升服务水平，改善客户体验，推动流程优化，辅助科学决策，增强竞争实力。中国邮政高瞻远瞩地提出“信息化引领的科技兴邮战略”决策，逐步将信息化贯穿到企业生产、经营、管理及客户服务的全过程，到集团公司信息化委员会、信息科技与建设管理部、数据中心、软开中心等多个科技机构的成立，中国邮政通过大力推进科技进步和自主创新，健全科技创新与应用转化机制等，科技管理研发体系逐步完善，信息化发展方向、路径日益明晰，中国邮政的科技发展迎来了风发泉涌的时代。

中国邮政科技应用情况包括：2018 年 2 月 1 日，北京邮区中心局投入运行的智能邮件搬运机器人学名为“AGV-500D 顶升式智能机器人”，能载重 500 千克。在计算机系统的控制下，机器人以每秒 1.5 米的运行速度，精准扫描作业场地路面预设的二维码获取路径，并以最优线路穿行现场，实现邮件的高效驳运。同时，支持 iPad 等移动客户端等操作系统，还可自动归位充电。机器人以 4 个万向轮和 2 个驱动轮作为支撑和牵引，可以自己充电、躲避障碍物等，此外还具备智能优化运输线路，自动识别、调整笼车方向，即使地面多个二维码破损，仍可智能续航。“AGV 机器人”上线运行后，北京邮区中心局将停用 60 辆电动搬运车，节省搬运车驾驶员 80 余人，大幅度提升包裹类邮件的场内传输速度。无人机方面，中国邮政是国内覆盖乡村网点最多的物流企业，自 2016 年就开始启动无人机邮路的试运行。物流无人机将帮助依托中国邮政现有网络资源，在非人口密集、涉山涉水的广大偏远地区，扩大物流配送范围。2018 年 5 月 17 日，荆门漳河机场，印有“中国邮政速递物流”标志的一架机长 6 米、翼展 12.4 米的无人机装着 200 千克快递邮件从陆上机场起飞，在水上机场成功着陆，中国邮政速递物流固定翼无人机首次试飞成功，为中国商用无人机首航做好铺垫。与当前市面上常见的小型旋翼无人机不同的是，此次中国邮政试飞的 U650 大型水陆两栖无人机机长 6 米、翼展 12.4 米，可在 3500 米高度飞行，巡航时速达 130～170 千米，具有 250 千克有效载荷，可水陆两用，最大航时可达 15 小时，最大航程为 2000 千米。绿色发展方面，中国邮政于 2018 年 5 月 10 日启动绿色邮政行动，力争在绿色运输、绿色包装、绿色金融等领域取得实效，到 2020 年实现城市新增新能源投递车辆占比达到 100%、包裹电子运单使用率达到 90% 以上、可降解的绿色包装材料应用比例达到 50% 以上、节能环保项目及服务贷款增长 50%。中国邮政使用清洁能源运输车辆，在部分城市试点使用新能源汽车，大力推进干线邮路甩挂运输，推广使用电动三轮车投递。

二、顺丰科技

顺丰是国内领先的快递物流综合服务商，立志于为客户提供一体化的综合物流解决方案。顺丰不仅提供配送端的高质量物流服务，包含顺丰即日、次晨、标快等各种时效快递，顺丰特惠、云仓专配等经济快递，以及重货、冷链、同城配、国际、保价、代收货款等服务，还延伸至价值链前端的产、供、销、配等环节，从客户需求出发，利用大数据分析和云计算技术，为客户提供仓储管理、销售预测、大数据分析、结算管理等一体化的综合物流服务。顺丰还是一家具有网络规模优势的智能物流运营商。顺丰拥有通达国内外的庞大物流网络，包括以全货机和散航组成的空运“天网”，以营业服务网点、中转分拨网点、陆路运输网络、客服呼叫网络、“最后一公里”网络为主组成的“地网”，以及以智能设备、智能服务、智慧包装、机器图像识别、车联网等组成的“信息网”，是一家具有“天网 + 地网 + 信息网”三网合一、可覆盖国内外的综合物流服务运营商，拥有国内同行中网络控制力最强、稳定性最高，也最独特稀缺的综合性网络资源。

顺丰科技应用情况包括：电子运单方面，为了提高客户体验，公司积极推广电子运单。电子运单指通过各种线上渠道，包含扫码寄件、微信下单、App（Application，应用）下单、企业客户系统对接等方式产生的电子运单。2017 年 12 月，全网电子运单使用比例超过 96%；2018 年 2 月，全网电子运单的使用比例已超过 98%。电子运单的高覆盖率，不仅避免了客户手工填写运单，有效提升了客户体验，还取消了收派员手工计算、填写运费、补充运单信息等基本操作环节，降低了员工劳动强度，提升了员工效能，并大幅减少了原来纸质运单的扫描、输单成本等。此外，在客户下单环节立即采集到的快件信息，能有效指导后续环节的运输资源、航空资源进行适配，进而有效提升资源利用率，在满足客户需求的同时充分达到降本增效的目的。为保障实名制下快递信息安全，顺丰公司推出了丰密运单。丰密运单对个人信息全面加密，贴有丰密运单的快件，在派件时只有当班次出仓当票快件的收派员，可以通过手持智能终端扫描看到收件人的电话信息；而在快件运输环节中，包括顺丰公司员工在内，没有人能看到隐藏的信息，保证了收寄件人的信息安全。此外，针对目前尚未使用丰密运单客户的敏感信息，顺丰控股已进行集中应用认证及数据独立加密，全力保障客户的信息安全。数字地图方面，顺丰正在构建以 GIS（Geographic Information System，地理信息系统）技术为基础，融合大数据和人工智能等技术，面向 AI 的未来智慧地图。提供高精定位、精准地址匹配和路径规划等专业服务，为快递决策提供基础支撑。在高精定位方面，通过 GPS 定位、基站定位、混合定位三种定位模式为用户提供高精度的定位服务，顺丰地图可通过获取用户位置，设置电子围栏，实现高精度信息推送，通过单元区域分布合理布置资源，实现效益最大化。在精准地址匹配方面，依靠强大的顺丰地址数据资源，通过将地址按 18 级进行标准地址分级，形成标准地址，并对应赋予坐标及单元区域，为快递行业其他业务系统提供准确、有效的数据信息。在路径规划方面，顺丰地图通过设置起点、终点以及快递运输方式，从时间最短、里程最短等多维度规划出多条线路供营运驾驶员、收派员选择，并精准地引导至目的地。目前，智能地址输入服务已在全国上线，每天请求量 4500 万以上，提升了客户地址输入体验，规范地址数据质量。路由分单产品已在深圳、上海、北京和广州上线，统一顺丰收派地址库和单元区域数据，保证了实时性和精准性，并减少 30% 以上人工审补工作量。

三、三通一达

（一）中通快递

中通快递自2002年创建以来，集快递、物流、电商、印务于一体，综合实力位居国内物流快递企业前列。中通快递早就意识到信息技术的重要性，自主开发了新一代核心业务系统——中天系统，还在移动App、移动扫码支付等方面积极探索服务客户的新方式。同时还应用了电子条码枪、电子运单、项目分单、海量数据存储和处理等多种信息技术。

中通科技应用情况包括：中通快递的操作人员使用电子巴枪可以方便地扫描快件，采集快件所在地、下一站、操作人员和时间等关键数据，指导快件等分拣。电子运单方面，作为2015年与菜鸟网络合作的一大创新成果，电子运单信息对接和电子地图的精确匹配大大降低了中通快递的录单成本，同时大幅提高了货物目的地的匹配精确性。电子签名方面，中通内部的协同办公平台，包括流程管理、新闻公告、会议管理、日程管理等都具有电子签名功能。电子签名技术赋予高级管理人员和法务人员的签章具有唯一性和防篡改的特性，进一步完善了风险内控，保证了流程审批内容的真实性和有效性。电子签名技术主要用于行政事务审批和合同审批等环节。

（二）申通快递

2017年8月，申通快递成功开发并上线了拥有自主知识产权的全新"申通快递·梧桐"系统。该系统是申通核心的运营系统，其将科技融入"分单—分拣—运输—派送"的运营全流程中，用科技优化快递"最后一公里"。该系统主要包含：快递业务、服务质量、运输资源、财务结算、数据分析、国际系统、自动分拣等多个功能模块。

2018年1月，申通快递斥资3000万元投资小觅智能，助力物流行业智能化和自动化。其核心技术包括基于CNN（Convolutional Neural Networks，卷积神经网络）和深度学习的视觉避障导航、自动驾驶、环境/物体识别、人脸/身份识别等。产品包括不同级别的vSLAM（visual Simultaneous Localization and Mapping，视觉即时定位与地图构建）视觉模块，双目摄像头模块以及基于视觉技术衍生的机器人产品。未来，通过多步走战略，小觅智能的战略目标是通过软硬件融合的成熟解决方案，打造基于计算机视觉导航与识别的行业最优VPS（Virtual Private Server，虚拟专用服务器）云服务商。VPS视觉技术是下一代的定位导航技术，是可以真正让机器人和无人车拥有双眼的前沿技术。

（三）圆通快递

圆通创始人喻渭蛟董事长在2008年敏锐地洞见趋势，提出了"向信息化要生产力，让信息技术引领圆通未来”。自 2009 年起,圆通和 IBM(国际商业机器公司)合作,持续投入大量资金开发“金刚系统”,提高了企业内部管理效率和客户服务质量。目前,圆通公司已形成了包括“金刚系统”“罗汉系统”“行者系统”“管理驾驶舱系统”“GPS 车辆监控系统”“GIS 辅助分拣系统”等在内的行业领先的互联网信息技术平台,促进了快递网络的不断优化和服务质量的稳步提升。

圆通科技应用情况包括:2016 年,圆通申请参与国家发改委组织的国家“互联网 +”领域创新能力建设专题项目,成功获批牵头组建“物流信息互通共享技术及应用国家工程实验室”。该实验室将建设物流信息互通共享技术及应用创新平台,支撑开展企业间物流信息交互、通用接口、数据传输等技术的研发和工程化,实现二维码、无线射频识别等物联网感知与大数据等技术在物流系统中的应用,完善物流信息交换开放标准体系,整合仓储、运输和配送信息,促进物流信息的互联互通。运单技术方面,圆通自 2014 年率先研发使用电子运单,2016 年率先研发推出隐形运单,2018 年正式上线新型“二维码运单”。一是电子运单。以电子运单逐渐替代四联书写式运单,一方面可以提升分拣系统效率;另一方面大大降低了纸张的使用,为环保事业贡献力量。二是隐形运单。2016 年圆通公司率先研发推出了隐形运单,通过技术手段实现对用户的手机号、姓名和地址等信息的加密处理,提高并加强快递单的信息保密和综合防伪功能。快递员可以通过公司自主研发的行者 App,直接拨号至收件人,更好地保护个人信息。三是新型“二维码运单”。圆通“二维码运单”支持智能输入,定位按钮和“地址智能识别”可节省填写时间;“二维码运单”更绿色环保,使用的单页塑胶纸材料和打印的电子运单更牢固,更节约。

(四)韵达快递

韵达是具有中国特色的物流及快递品牌,结合中国国情,用科技化和标准化的模式运营网络。已在全国拥有三千余个服务规范的服务站点,致力于不断向客户提供富有创新和满足客户不同需求的解决方案。韵达在科技领域投资和推进,以优化内部管理和客户服务,提高客户满意度;建立了全方位的、多层次的运送保障体系,提供适合客户需要的产品。韵达快运拥有并且不断提升快递、物流解决方案,以及运输等各方面的专业技能水平,帮助客户完成他们的目标,以期成为客户的长远互利的合作伙伴。

韵达科技应用情况包括:2018 年,韵达研发的同城即时配送平台“云递配”上线。商家、网点、个人发出配送订单,云递配骑士可根据自己的时间,通过 App 自由选择订单并配送,得到报酬。云递配支持三种业务:①个人同城配送订单;②餐饮/商超/鲜花 O2O(Online to Offline,线上到线下)订单;③韵达快递派送订单。韵达全网分拨中心均配置安检机,每票必安检。业务员通过语音识别功能,能够快速高效地录入群发短信和语音的手机号码,大大提升业务员的工作效率和用户体验。为适应多场景、智慧化寄件需求,公司研发了扫码寄件系统。客户可通过公司官网、终端 App、微信/支付宝小程序、95546 服务呼叫系统、二维码等方式实现扫码寄件，该应用支持单票寄件和批量寄件，有效解决了散单和中小客户手写运单问题，提升揽件效率。

四、京东物流

经过十几年自建物流，京东物流在仓储建设、配送服务能力等方面都取得了丰硕的成果。目前，京东物流是全球唯一拥有中小件、大件、冷链、B2B(Business to Business，企业到企业的电子商务模式)、跨境和众包(达达)六大物流网络的企业。截至2018年4月底，京东物流在全国范围内拥有515个大型仓库，包括14座大型智能化物流中心“亚洲一号”，物流基础设施占地面积超过1200万平方米，已成为全国拥有最大规模基础设施的物流企业。其中，“亚洲一号”是亚洲范围内建筑规模最大、自动化程度最高的现代化物流中心之一。以上海“亚洲一号”为例，90%以上操作已实现自动化，仓储单位面积坪效提升了5倍，人员投入比例减少了近70%，货损率接近于0，机器人拣货效率相比于人工提高3~5倍。2017年8月1日，京东物流昆山无人分拣中心正式启用，这也是全球首个正式落成并运营成功的全程无人分拣中心。昆山无人分拣中心的运行，标志着京东物流配送中的分拣环节进入了全场无人化、智能化阶段，代表着京东物流仓储智能化的又一次加速。该分拣中心最大的特点是从供包到装车全流程无人操作。其分拣能力已经达到9000件每小时，据测算，同等场地规模和分拣货量的前提下，每个场地可以节省人力180人。同时，一线设备的操作效率和运营质量也得到显著提升，对比传统供包能力，自动供包台的效率最高可达到传统效率的4倍多。基于技术的持续创新和规模化应用，京东物流已实现大数据驱动的“预测—库存—仓储—运输—配送”全链路的智能化。“最后一公里”配送，京东还首次推出无人货车，无人机也已经在宿迁、西安常态运营。截至目前，已经成功飞行并运营了上万个架次。在2017年8月，京东还在陕西获得了全国首张覆盖省域范围的无人机空域批文。2018年2月5日，京东“陕西省全域无人机物流配送经营性活动试点”在西安启动，成为首个以省域为范围进行无人机物流配送的国家级试点企业。我们希望通过试点所提供的海量飞行数据和物流配送样本，为中国探索建立无人机监管的“中国标准”提供技术和实践支撑。

京东物流科技应用情况包括：物联网方面，京东物联网络利用传感器、RFID、二维码、生物识别、视频影像、通信网络等技术，实时连接、收集、交互和共享包括但不限于运输车辆位置、轨迹、时效，驾驶员安全驾驶行为，货品运输品质安全状态、油耗过桥成本、调拨分拣时效等涵盖整个供应链物流的一体化运营数据信息。京东物流将覆盖300个城市、14万多商家和30万+末端服务站点的上门揽件能力大幅提升，并降低揽收空载率达30%，降低揽收成本月均500万，同时提升商家提交运单效率30%，极大提升了商家体验。

无人车方面，京东物流自主研发的无人车是通过自动驾驶技术和京东物流配送系统相结合，打造的新型物流车辆，创立物流配送新时代。目前，京东无人车系列产品已涉及多个生产环节，主要包括：无人配送车，主要功能是中小件物品的配送，在校园、园区、高档小区等场所运行；无人货车，主要功能是货物接驳、传站，在市政道路、高速公路等运行；室内巡检车，主要功能是安保、消防预警，在仓库内运行；服务机器人，主要负责物品递送，在写字楼、酒店、高档小区等场所运行；智能购物小车，主要功能是跟随消费者和物品的运送，在商店、超市等场所运行。京东自主研发的无人车，已推出多款成熟机型。其中，无人配送车已在北京、天津、武汉以及广州的高校、工业园区、社区投放运营，包括中国人民大学、广州大学、广州工业大学、武汉城市职业学院、北京亦庄经开朝林广场、北京京东总部、中新天津生态城管委会、万科新新园、万科锦庐园等地，逐渐推广至全国。例如：京东自主研发的首款 L4 级别无人驾驶重型载货汽车（简称“无人重卡”）长 9 米、高 3.5 米、宽 2.5 米，车厢长度约为 14 米。据悉，通过车顶车身搭载的多个激光雷达以及摄像头等多传感器融合，无人重卡可以实现远距离范围内的物体检测、跟踪和距离估算，自动判断并作出驾驶行为。无人重卡采用视觉定位和高精地图结合，现有方案已经实现车辆的厘米级定位，可以自动完成高速行驶、自动转弯、自动避障绕行、紧急制动等绝大部分有人驾驶功能。无人重卡的落地主要应用于改变未来长途运输形态，解决干线物流存在的耗时长、人工多、安全性低等问题，让干线物流具备更高的安全性和便捷性。

无人机方面，京东无人机致力于打造“干线—支线—末端”三级航空智慧物流体系，通过将跨越上千千米的干线物流和“最后一公里”的末端配送有机融合在一起，为京东物流全产业链降本增效提供有力支撑。截至目前，京东末端无人机已经自主研发 3 大系列，7 款机型终端级机型，均实现自动起飞、巡航、卸货、返航。干线物流（第一级）：主要负责由区域物流中心（亚洲一号仓）向区域内的前端物流中心（FDC，Fromt Distribution Center）及大型仓库（城市仓）的物流运输，大量进行的是跨省的大批量运输，运送半径需要达到 1000 千米，载重需要达到 50 ~ 60 吨，由航空货运飞机提供物流服务。支线物流（第二级）：主要负责从前端物流中心（FDC）及大型仓库（城市仓）向周边城市和站点的高效转运，采用通航飞机或京东自主研发的大中型无人机提供物流运输服务，所用机型需要满足 200 千克到 2 吨的载重和 300 千米以上飞行半径的技术要求，实现城市间的小批量快速转运。末端物流（第三级）：末端物流主要解决的是偏远地区和道路交通不便情况下的“最后一公里”难题，特别是偏远山区，采用京东自主研发的载重 5 ~ 50 千克、飞行半径 10 ~ 50 千米的无人机，由京东的配送站点起飞，配送到京东在村庄的合作伙伴所制定的场地，然后由这些合作伙伴将货物送到最终用户的手中。自 2017 年 6 月 18 日起，京东无人机已在全国多个省市实现常态化运营，包括陕西、江苏、海南等省份近 30 个自然村实现了无人机物流配送，累计配送上万单，大大提升了居民的购物体验。在干支线无人机研发方面，京东首款载重 200 千克级的无人机已经定型并开始进行原型机装配，载重 500 千克的无人机也将于 2018 年试飞。同时在军民融合、农林植保、警用安防、巡检测绘等领域京东无人机也在进行大量实践和探索，未来，随着整个网络的全面开放，也必将有效降低社会化物流成本，助力供给侧结构性改革，为我国经济长期稳定发展提供新动力。例如:JDY-800 无人机的翼展超过 10 米,起飞重量达到 840 千克,巡航高度 3000 米,巡航速度超过 200 千米每小时,具有全天候全自主的飞行能力,可以连续飞行 1000 千米以上。

五、菜鸟网络

菜鸟网络成立于 2013 年 5 月,定位于以数据驱动、社会化协同的物流及供应链平台。主要业务有仓配网络、跨境网络、快递平台和 E. T 物流实验室,以覆盖全国的仓配网络和大数据决策平台为基础,构建专业高效的供应链服务。为了提高网络效率,一方面菜鸟以投资参股的形式构建菜鸟联盟,另一方面加大科技研发的投入,积极布局智慧物流。

菜鸟网络科技应用情况包括:菜鸟网络自动拣货系统能进行百亿级数据处理,自动识别货品位置。仓库通过一整套自动化系统,日拣货件数达到 100 万件,保障消费者享受网购当日达和次日达服务。该自动化系统精准高效,可以从 4 万多个商超全品类商品中准确拣选出货品。人工仅需在条码复核、分拣机监护等环节投入,货品的运输、仓储、装卸、搬运等七个环节可一体化集成,效率至少提升 30%,拣货准确率几乎可达 100%。机器人方面,菜鸟小 G 由菜鸟旗下的 E. T 物流实验室研发,目标是解决快递行业末端“最后一公里”的配送难题,采用激光和视觉并行的 SLAM(Simultaneous Localization and Mapping,即时定位与地图构建)导航方案。菜鸟小 G 身高 1.2 米,单次可装载 10 个包裹,充电一次可持续运载 8 小时。执行配送任务的菜鸟小 G 通过与 TMS(Transportation Management System,运输管理系统)对接,可以对配送路径进行最优规划。同时,其视觉系统采用了 SLAM 方案,能动态识别环境中的行人、车辆等不同实体,并对其进行准确的轨迹预测;而作为收件人的用户,可以在 App 上实时查看包裹的所在位置和配送情况。绿色发展方面,2017 年,菜鸟电子运单覆盖率超过 81%。菜鸟系统统一在快递合作伙伴中实现运单的数据管理,自动生成运单编号,无须再由人工手写分单,大大提高了运营效率。另外通过电子运单替换传统运单,每年节约纸张成本数十亿,相当于少砍 300 多万棵树。运单加密工作,自动保护了消费者隐私,同时让消费者免于个人信息安全的顾虑。2017 年,菜鸟在全球范围内首创“绿仓”,双十一期间与合作伙伴、商家启 20 个仓的绿色包裹发货。从这些“绿仓”发出的包裹,将使用免胶带的快递箱和环保快递袋。近 2000 万个无胶带纸箱和环保快递袋送到消费者手中,为社会带来巨大价值。人工智能分单方面,2017 年菜鸟网络通过人工智能技术,根据单量、配送距离等因素,能直接为快递员分配任务,快捷优化配置末端运力,避免快递员工作量不均。菜鸟网络还首次通过人工智能技术,大数据处理,实时计算全网发货量与运力,并对未来可能发生的拥堵进行预测,从而让商家从发货时就避开可能产生拥堵的快递公司。对消费者来说,也能更快地收到包裹。关于车辆规划智能算法,菜鸟网络自主研发的路径优化算法,技术上融合了大规模邻域搜索、超启发式算法、基因算法、分布式并行化和增强学习,在公开数据集上,算法已全面超过广泛使用的开源产品 Jsprit,在 Gehring&Homberger 数据集上(客户点规模达到 1000),已经持平若干项世界纪录。目前该算法正在部分农村快递网点使用。根据每日单量,为农村的快递驾驶员规划配送路线,每天实时更新,在保证时效的基础上,可节省车辆、人力、邮费。综合测算下来,农村领域的快递成本能减少30%以上。

六、德邦快递

自2013年11月快递业务成立以来,随着业务量不断增长,截至目前,全国快递中转场有79个,有分拣设备外场69个,占比87.3%。目前全国最大场地为顺德快递中转场,设计分拣能力峰值4.5万件每小时。另外,公司针对自身业务特点,研发行业内第一条快运融合的多层立体分拣系统。通过"钢平台架构"和"即卸即装"两大核心举措,实现线体多层立体布局,上层操作可分拣小件,下层操作零担大件,有效提升场内流通效率和场地承载。同时,在2017年引入环形交叉带,提升人均效能,减少对人员依赖性,灵活应对货量波动性。分拣支持系统极大地提升企业运营效率并降低人工成本,是传统快递迈向智慧快递的重要技术提升环节。

德邦快递科技应用情况包括:数字地图方面,德邦快递正在搭建基于传统GIS技术以及人工智能、大数据分析的智能物流地图。通过提供专业、高精的地址匹配、智能路径规划,为物流服务提供技术支持。基于德邦大数据分析以及深度学习实践的高精度的地址匹配服务,德邦地图通过多边形匹配、历史经验模型、号段规则匹配、POI(Point of Interest)匹配等匹配规则,再对多项匹配结果进行评分,从而实现精准的地址匹配。这一服务广泛应用于物流服务的调度、补码等环节,显著提高了物流服务的质量、物流时效。目前,德邦的智能补货码服务已经在上海试点上线,补码准确率超过99.8%,节省人工工作量80%以上。其次,基于实时精准定位的智能路径规划服务,结合实时路况收集、实时路况规划手段,为驾驶员、快递员提供了精准的线路服务,最大可能提升了物流接送货效率。电子运单方面,为了提升客户体验,公司制定全面电子运单计划。2015年5月研发快递电子运单,2016年首推零担电子运单。目前,扫码寄件、微信下单、App下单、官网下单、大客户发件、企业客户发件、企业客户系统对接等全渠道已实现电子运单,在满足客户需求的同时,充分达到降本增效的目的,并全力保证客户的信息安全。手持终端方面,德邦借助智能手持终端设备,不断提高收派员满意度和工作效率。2017年8月通过智能手持终端定制化项目研究输出了新一代定制化智能手持终端设备。新款智能手持终端基于定制化的Android操作系统,具备快速条形码识别、高清拍照,身份证识别、软件白名单等功能,同时满足收派员日常电话、客户对接沟通等需求,有效提升作业效率和企业品牌形象。新款智能手持终端设备从外观、系统流畅程度等方面进行了优化改善,在CPU(Central Processing Unit,中央处理器)架构、CPU支持内存的频率以及GPU(Graphics Processing Unit,图形处理器)图形处理能力上与上一代对比,基础资料更新处理速度提升了约85.71%,终端综合性能配置相较上一代智能手持终端(Personal Digital Assistant,PDA)高出约42.6%,新一代设备自2017年10月陆续开始推广应用。

第五节　良好的科技创新环境

一、政策制度引领

党的十九大明确指出，我国经济已由高速增长阶段转向高质量发展阶段，要发挥科技创新在全面创新中的引领作用，加快形成以创新为主要引领和支撑的经济体系和发展模式，实现“两个一百年”奋斗目标，快递业科技创新环境日益优化。

党中央、国务院陆续出台《关于加强基础研究、应用基础研究和技术创新工作的指导意见》《科技领域中央与地方财政事权和支出责任划分改革方案》《关于抓好赋予科研机构和人员更大自主权有关文件贯彻落实工作的通知》等一系列文件，启动了2021—2035年国家中长期科技发展规划编制工作。这些重要论述、重要战略和重大部署阐明了提高关键核心技术创新能力、充分释放创新创造活力的重大意义，为快递业科技创新工作提供了根本遵循，指明了发展方向。

交通运输部印发了《关于推动交通运输领域新型基础设施建设的指导意见》，要打造融合高效的智慧交通基础设施，推广邮政快递转运中心自动化分拣设施、机械化装卸设备，鼓励建设智能收投终端和末端服务平台，推动无人仓储建设，打造无人配送快递网络，建设智能冷库、智能运输和快递配送等冷链基础设施，推进库存前置、智能分仓、科学配载、线路优化，实现信息协同化、服务智能化，推广智能安检、智能视频监控和智能语音申诉系统，建设大数据中心，开展新型寄递地址编码试点应用。

国家邮政局相继印发《邮政行业技术研发中心认定管理暂行办法》《邮政行业科学技术奖奖励暂行办法》，强化政策激励和导向。2020年制定《“十四五”邮政业应用技术研发指南》，全面梳理行业在仓储、分拣、运输、末端服务、新型基础设施、运营管理系统、绿色环保、冷链生鲜、安全九个方面的应用技术研发需求，明确一批对行业发展具有重大影响的关键共性技术，引导全行业有效开展科技攻关。

地方政府也密集出台扶持快递业发展的科技政策。例如，北京、上海、天津、浙江等地出台相关资金政策，提升科技创新能力，催紧行业转型升级、提质增效。

二、创新平台建设

科技创新平台是快递业实施创新驱动发展战略的重要基础和保障。国家邮政局加大引导和支持力度，推动创新平台建设取得重要进展：2017年，圆通速递“物流信息互通共享技术及应用国家工程实验室”项目正式获批，国家重点工程实验室建设在行业实现“零”的突破；组织完成42家行业技术研发中心的认定,研发方向覆盖自动分拣、终端装备、人工智能、云计算与大数据、物联网、绿色包装等10余项技术领域,覆盖重点企业、科研机构和大专院校三类创新主体。推进全国快递科技创新试验南陵基地建设,充分发挥创新示范效应和带动作用;成立邮政业科技创新战略联盟,以联盟为平台,凝聚力量、共享资源,提升科技创新合力,共同突破快递行业发展的技术瓶颈,实现从"劳动密集型"到"科技密集型"的转变。

第二章

快递业科学技术与应用

近年来,随着物联网、云计算、大数据、人工智能等新型技术的迅速发展,快递业智慧化程度日益提高,同时机器人与无人机、自动化系统、绿色包装等重要快递科技在快递业各环节深度赋能,加速快递业提质增效进程,引领快递业由自动化、数字化开始向智慧化迈进。

众多快递前沿科技中,目前较为典型的主要有自动化分拣技术、智能运输与终端技术、绿色循环技术和人工智能技术。

第一节　自动化分拣技术

一、自动导引车

电商、快递业发展迅猛，在拣选和分拣环节，传统的人工作业日益难以满足效率和准确率的要求，同时传统自动化分拣设备具有灵活性较差、前期成本投入较高等劣势，而自动导引车凭借其柔性化、智能化的天然特性得到业界广泛应用，国外亚马逊等领先企业应用较早，中国邮政速递、京东、顺丰、申通等快递电商企业近几年也在加速布局。拣选 AGV 和分拣 AGV 如图 2-1 所示。

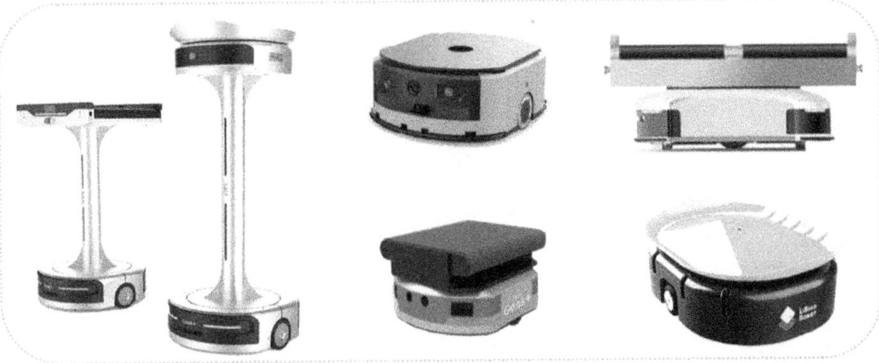

图 2-1　拣选 AGV 和分拣 AGV

（一）拣选 AGV——“货到人”拣选系统

随着电商的高速发展，海量的订单给拣选工作带来了巨大压力，拣选 AGV 的应用将传统“人到货”的方式转变为“货到人”，大幅提高了拣选效率。传统的“人到货”拣选作业，由于作业场地很大，完成一个班次的作业往往需要走很长的路程，员工苦不堪言。而“货到人”拣选作业几乎没有行走路程，其作业平台充分考虑人体的舒适度，对平台高度做到随意调节，以适应不同身高作业人员的需求，劳动强度大大降低。

“货到人”拣选系统主要由可移动货架、拣选 AGV、管理系统、充电站、拣选工作站组成，通过拣选 AGV 搬运货架实现“货到人”，拣选人员只需根据显示屏和播种墙电子标签的提示，从指定货位拣取相应数量的商品放入订单箱即可，打破了传统对照订单去货位找货的“人到货”模式，有效提升作业效率，降低人工成本，如图 2-2 所示。

1.“货到人”拣选技术的优势[1]

（1）拣选高效。以拆零拣选为例，“货到人”拣选每小时可以大约完成 800 ~ 1000 订单行

---

[1] 资料来源：《“货到人”拣选技术及其应用》

数据，是传统拆零拣选（包括纸单拣选、RF 拣选）的 8 ~ 15 倍。配合电子标签、RF（Radio Frequency）终端、称重系统等辅助拣选系统，“货到人”拣选系统具有非常高的准确性，其误差可控制在万分之五以内。

（2）存储高效。“货到人”拣选系统由于采用立体存储和密集存储方式，所以其存储密度可以大大提高。以拆零拣选为例，采用立体存储，空间利用率可以达到 45% 以上。如果采用密集存储技术，空间利用率更是可以达到 60% 以上，是传统方式的 4 ~ 5 倍。

（3）降低劳动强度。基于自动化立体库作业的整件“货到人”拣选，可以大幅度减少人工搬运，尤其是托盘的搬运。采用“货到人”拣选技术后，搬运距离得到严格限制，作业高度保持在一个非常舒适的范围内，大大降低了操作者的劳动强度，其效果非常明显。

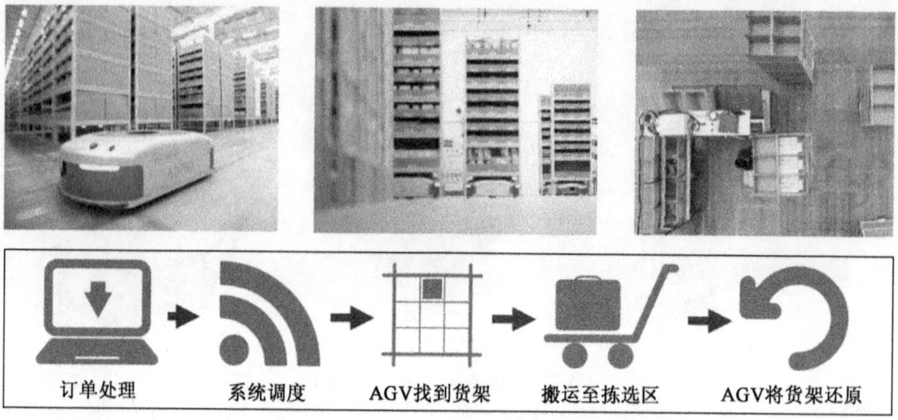

图 2-2　“货到人”拣选系统作业流程

此外，“货到人”拣选系统还具有安全存储、快速存储等诸多优势，是传统拣选系统所不可比拟的。

2.“货到人 + 激光投射”新模式

法国 Scallog 公司在拣选 AGV“货到人”的基础上进行精细化创新，推出了激光投射系统：拣选工作站通过激光投射，指定对应的货物位置，辅助人工拣选、补货，准确率为 99.99%，如图 2-3 所示。

图 2-3　激光导引拣选

（二）分拣 AGV——并行分拣

在整个仓储物流中，包裹分拣一直是非常重要的作业环节。随着科技的发展，分拣的方式也越来越多样化、智能化。从原来的人工行走包裹分拣，到传统自动化交叉带分拣机分拣，再到分拣 AGV 的自动化并行分拣，效率不断提高的同时成本也在不断降低。分拣 AGV 解决方案是目前全球主流分拣方式之一，主要适用于中小型分拣中心。AGV 分拣系统优势如图 2-4所示。

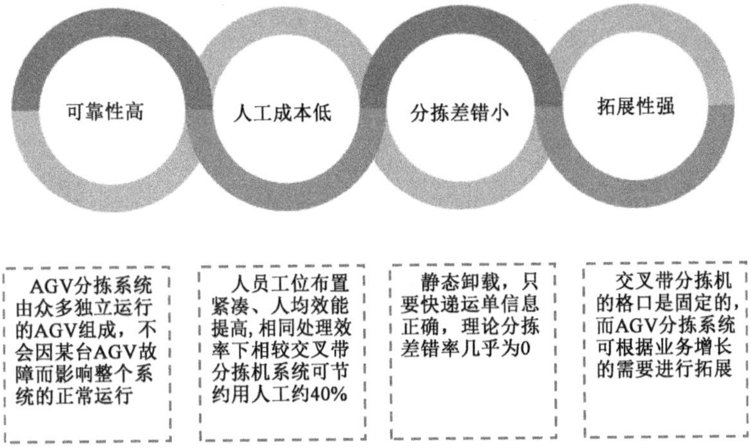

图 2-4　AGV 分拣系统优势

AGV 分拣系统可实现包裹读码称重、快速分拣以及信息记录交互等工作，系统部署时间短，节约作业空间，柔性化程度高，可按业务需求增减机器人数量，属于并行分拣方式，即使单个拣选 AGV 出现故障，分拣系统仍可正常运转。目前主流的 AGV 分拣系统包括平台式分拣系统和落地式分拣系统。

1. 平台式分拣系统

平台式分拣系统主要包括分拣 AGV、钢平台、工业视觉读码设备、充电站，其分拣作业场地分上下两层，上层为钢制工作平台，设有供包格口和分拣格口，下层为封发作业区，如图 2-5 所示。

a)分拣AGV　b)钢平台　c)工业视觉读码设备　d)充电站

图 2-5　平台式分拣系统示意图

分拣 AGV 通过与工业快速读码设备配合，可进行自动快速分拣工作，将包裹运送至条码对应的出货口，分拣系统同时调度多台分拣 AGV，达到并行、高效、快速的分拣效果，平台式分拣系统作业流程如图 2-6 所示。

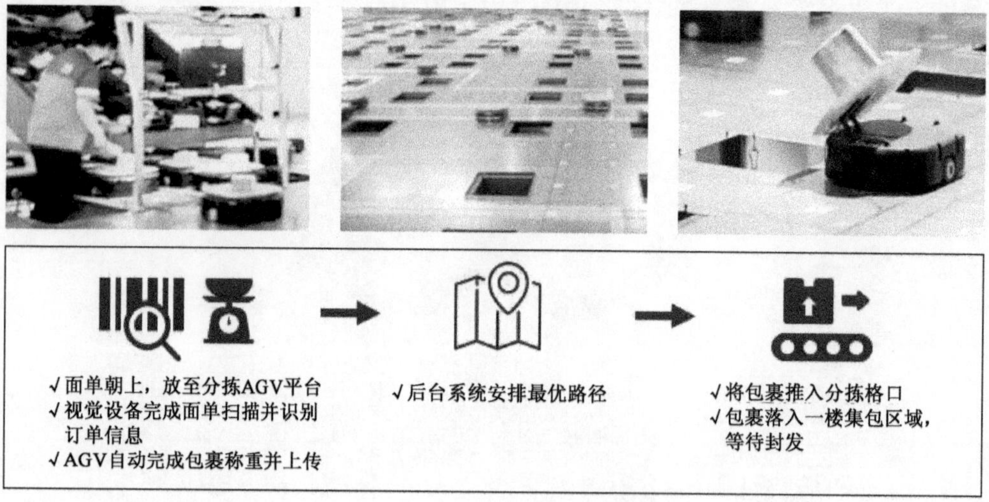

图 2-6　平台式分拣系统作业流程示意图

2. 落地式分拣系统

落地式分拣系统，与平台式分拣系统最大的区别在于取消了钢平台，同时将移栽辊道平台升高，直接与笼车接驳。分拣时，系统通过扫描包裹上的条码以计算出最优路径，再由分拣AGV将包裹移动到相应的笼车进行分拣，如图2-7所示。

图 2-7　落地式分拣系统示意图

落地式分拣系统不需要钢平台，因此作业现场改造程度低，成本大幅降低，是一种扩展性强、信息化和智能化程度高的分拣解决方案。

二、自动化分拣系统

随着电商、快递业的高速发展，自动化分拣系统也得到了长足发展。中国分拣设备的研发和应用起步较晚，目前国内输送分拣领域的技术发展，更多是学习国外先进企业的技术，同时在已有的平台上进行更多创新。

自动分拣系统主要由供件装置、输送装置、控制系统、分类装置和分拣道口等部分组成，是对物品进行自动分类、整理的关键设备之一。按照分类装置的结构进行划分，常见的自动分拣机主要包括滑块分拣、交叉带分拣等六类，如图 2-8 所示。

a)摆臂式分拣机　b)交叉带分拣机　c)落袋式分拣机

d)滑块分拣机　e)翻板分拣机　f)转向轮分拣机

图 2-8　自动分拣系统分类

(一)交叉带分拣系统

在众多分拣设备中，交叉带分拣系统脱颖而出，成为目前快递业自动化处理流程中的主要设备之一。交叉带分拣系统是利用直线动力驱动的小车队沿着环形轨道高速运动，将贴有标签的货物经过扫描器读码进行分拣，适用于电商、快递等行业的大中型分拣场景。交叉带分拣系统如图 2-9 所示。

目前国外的交叉带分拣机主要分为三种驱动方式：①交叉带小车-电机驱动、主环-直线电机驱动；②交叉带小车-电机驱动、主环-摩擦驱动；③交叉带小车-摩擦驱动、主环-摩擦驱动(图 2-10)。

图 2-9　交叉带分拣机

结合国内电商、快递业的发展以及成本等综合因素，杭州祥龙物流设备科技股份有限公司基于第二种方式(交叉带小车采用电机驱动，主环采用摩擦驱动)研发出了新一代摩擦驱动交叉带分拣机，在节约成本的基础上提高设备的性能，其具体特点如图 2-11 所示。

2018 年该系统成功应用于天津，实现三档换速运行，可处理的快件范围是最长边不大于 400 毫米，重量为 0.1 ~ 35 千克；单层分拣机机械效率是 6 万件/小时，分拣差错率不大于万分之一，设备运行的平均噪声小于 70 分贝；分拣机配备的供包系统为人工供包系统，单人操作每小时可达 2000 件以上。

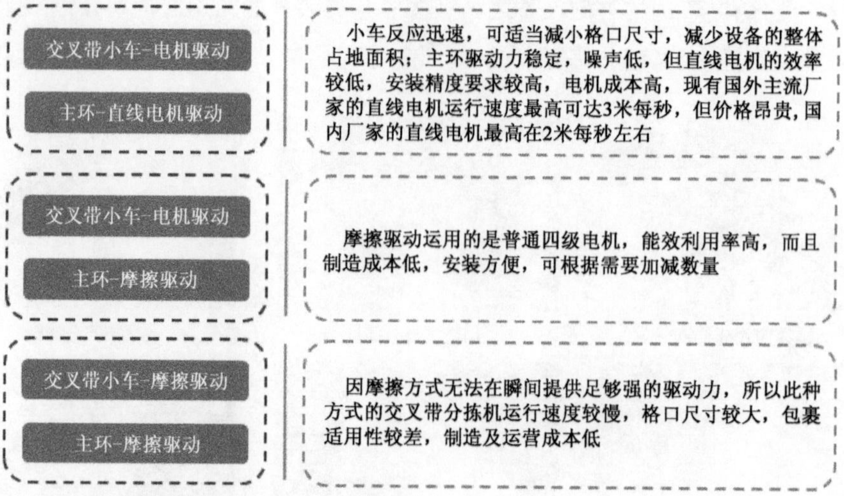

图 2-10　交叉带分拣机的三种驱动方式

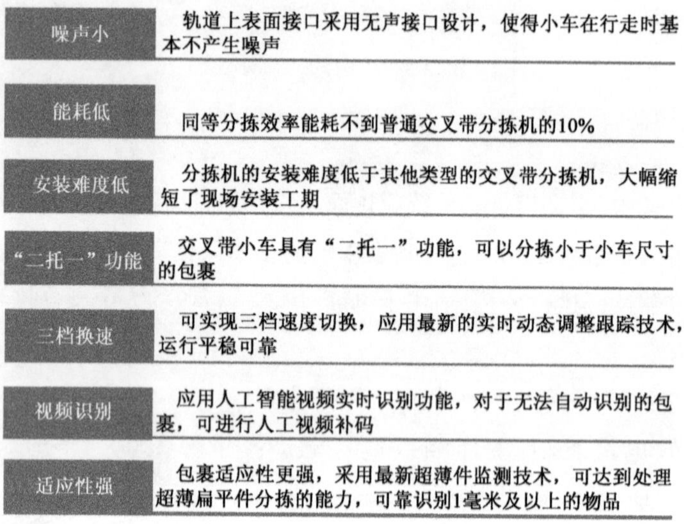

图 2-11　新一代分拣系统特点

(二)蜂窝式智能多向分拣传输系统

由德国不来梅大学航运经济和物流研究所共同研发的蜂窝式智能多向分拣传输系统 Celluveyor，是一种基于蜂窝传输技术的以灵活性为核心的模块化输送系统，目前已经应用于 DHL。蜂窝式智能多向分拣传输系统如图 2-12 所示。

Celluveyor 系统主要包括传输单元、定位识别系统、控制系统和操作软件四部分，如图 2-13 所示。其中六边形传输模块是核心运输单元，每个模块都包含三个位置特定的 Rotacaster 全向轮，每个全向轮相互独立工作，多个传输单元组合成一个传输平台，由数控装置控制，包裹经检测识别后，即可由运输平台进行单独定位和移动控制。

图 2-12 蜂窝智能多向传输示意图

图 2-13 Celluveyor 系统组成

Celluveyor 系统由标准化运输单元组成，灵活性为其核心优势，具体表现如图 2-14 所示。

安装简便	六边形运输单元直接拼接即可搭建整个运输分拣平台
运输对象	对形状和尺寸不敏感，但需接触面为平坦表面
规模匹配	添加或者取下运输单元，即可适配不同的运输量
故障维护	发生故障时，计算机软件会立刻检测定位故障模块，并控制改变货物运输方向，让货物绕过故障点，检修过程不会影响正常货物运输，而更换传输单元仅需要几分钟时间
功能可控	机械物理方面无需改动，只需进行软件操作控制即可

图 2-14 Celluveyor 系统特点

Celluveyor 系统高度体现了智能物流的标准化和模块化，其通过简单的组合，实现复杂的排列，让分拣系统也可实现曲线动作，突破了传统运输平台只能单向、固定轨迹传输等缺点。在安全可靠性方面，传统的分拣系统采用的是串行模式的流水线分拣系统，只要中间一个环节出现问题，整个系统就会瘫痪，对于 Celluveyor 系统，即使某一模块出现故障，控制软件也可以通过改变运输方向，让货物绕过故障点，从而不影响整条分拣线的持续运转。

三、自动装卸系统

货车自动装卸系统是一种集成在卡车和装卸平台之间的自动化输送设备,通过相互协同运作,完成货物的全自动化装卸,目前使用较为普遍的有如下 5 类,如图 2-15 所示。

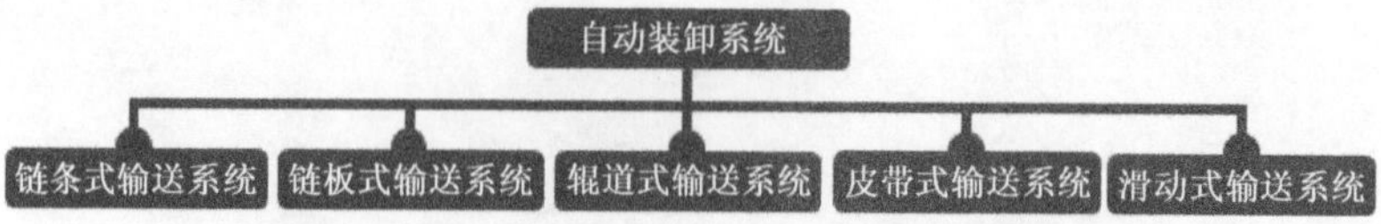

图 2-15　自动装卸系统分类

在货车自动装卸技术领域,国外主要体现于车辆装卸货物专业化程度,对于不同运输产品,国外拥有相对应车型进行专门运输,同时国外货物标准化程度较高,货物多放置于托盘之上,装卸效率较高。通常,国外在车厢内装入滚筒、链条、链板等传输装置,并安装相应传感控制系统,从而实现了托盘货物在车厢内的自动传输。例如 Joloda 公司研发推出的链板式自动装卸系统,传输速度达每分钟 30 米,最大负载 30 吨,适用于托盘、桶和散包装等。链板式自动装卸系统如图 2-16 所示。

图 2-16　链板式自动装卸系统示意图

目前中国包裹处理中心主要采用"伸缩皮带机 + 人工搬运"卸车模式,如图 2-17 所示。包裹运输车到达卸车垛口后,每辆车安排 2 ~ 3 名卸货工人,将邮件、包裹搬运到伸缩皮带机上,再由伸缩皮带机将货物输送到处理中心分拣线,劳动强度大,一辆 8 吨邮政车装载邮件包裹约 2000 件,卸车作业需 3 名工人 90 分钟才能完成,作业效率较低。

广东信源物流设备有限公司研发出一款用于邮政处理中心的双向传输式自动装卸车系统。邮件包裹可从自动装卸车车厢内自动卸出,通过爬坡机、直线机、转弯机等输送设备进入邮件处理中心的高速分拣线,实现邮件包裹从物流运输车到分拣线的自动传输,如图 2-18 所示。

双向传输式自动装卸车(图 2-19)在技术层面主要包括双向传输模式、液压驱动系统、自动控制系统、货物摊平系统四个部分,如图 2-20、图 2-21 所示。

图 2-17 “伸缩皮带机 + 人工搬运”卸车模式

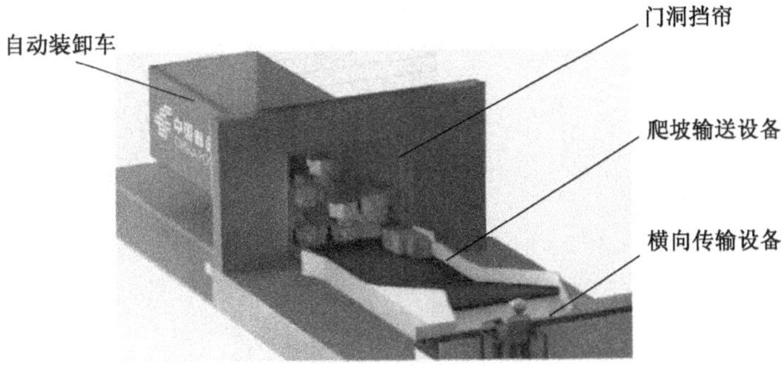

图 2-18 邮件处理中心自动卸车系统

图 2-19 双向传输式自动装卸车

双向传输模式	车厢地板上安装了双向传输装置，双向传输装置与地板同宽，通过前、后驱动装置带动传输装置正反转动实现其双向传输功能
液压驱动系统	自动装卸运输车工作环境灰尘较多，且长期处于颠簸、震动状态，电机驱动力方式故障率较高，故采用液压动力驱动传动方式
自动控制系统	自动卸车控制系统持续采集各个检测点的状态并向系统反馈，通过检测散件货物输送的状态，利用自动控制技术调整卸货的速度，保证自动卸车顺利进行
货物摊平系统	为防止货物突然倾倒，在车厢门口设置挡帘装置，货物在下落过程中得到缓冲，避免货物损坏。同时，货物在传输到分拣线过程中，堆叠货物将被逐渐推平

图 2-20 自动装卸车技术分析

双向传输式自动装卸车系统可以有效提高工作效率、降低人力成本。同样以一辆 8 吨邮政车为例，装载快递包裹约 2000 件，双向传输式自动装卸车可以在 1 名工人辅助作业的情况下仅需 20 分钟即可完成卸货任务。自动装卸车货物卸载过程如图 2-22 所示。

图 2-21　货物打散及推平传输

图 2-22　自动装卸车货物卸载过程

目前，国内货物装卸货方式仍以人工为主，而现在人工成本占物流整体运输成本 30%，未来仍会不断升高，这将成为制约快递行业发展的瓶颈之一，而自动化装卸系统可以在出入两端大幅提升自动化水平，缩短货物装卸时间，加速货物的流通效率。

第二节　智能运输与终端技术

一、可穿戴设备

可穿戴设备目前仍然属于较为前沿的技术，在快递电商领域，主要包括免持设备、AR 智能眼镜、外骨骼、喷气式背包。可穿戴设备整体上距离大规模应用仍需要较长时间，目前除免持设备、AR 智能眼镜和外骨骼外已经开始小范围应用。

（一）外骨骼

外骨骼分为腰部、腿部、手部三类助力产品，主要用于重物搬运，可以有效减轻一线员工的工作强度,保障搬运安全。京东、苏宁、德邦快递近几年开始逐步使用腰部助力外骨骼设备,其可以提供不同程度的外部助力,有效提高穿戴者腰背部和核心肌群的高强度负重能力,减缓工作肌群的疲劳速度,降低人体运动过程中的能量消耗,提高工作效率。腰部助力外骨骼如图 2-23所示。

图 2-23 腰部助力外骨骼

(二)AR 智能眼镜

AR 智能眼镜具有实时物品识别、条码阅读和库内导航等功能,可以有效提升仓库工作效率。目前德国、美国等国家的部分快递企业已经将免持设备与 AR 智能眼镜结合起来用于仓储作业中。

美国一知名快递企业已经使用基于摩托罗拉 RS507 蓝牙戒指成像仪的新系统,这一可穿戴设备包括一个戴在手指上的支持蓝牙的免提式条形码扫描仪,以及一个戴在员工手腕或髋部的小型终端。该设备能够更快速地获取及处理条形码图像,加快包裹装车速度。

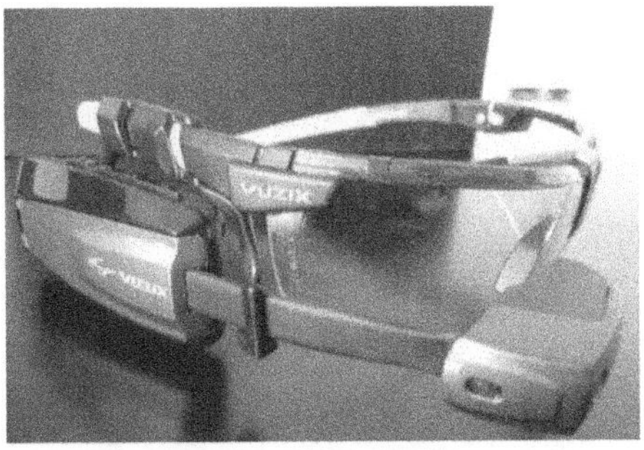

图 2-24 M100 智能眼镜

DHL 与 Vuzix 合作打造了一套“免提式”仓库解决方案,其 M100 智能眼镜(图 2-24)将与 Ubimax 开发的仓库“vision picking”软件协作,该系统提供了实时的物品识别、条码扫描、室内导航和无缝的信息集成功能,同时可以直接连接到 DHL 的仓库管理系统。与传统拣选方式相比,AR 眼镜替代了传统拣货流程中的人工检索、扫码、核对等烦琐低效的工作,大幅提高拣选效率和正确率。AR 眼镜辅助拣选示意图见图 2-25。

二、无人机技术

无人机技术发展较为成熟,出现了适用于不同应用场景的不同机型,由于其灵活便捷、运营成本低、布局简便、外部环境适应性强以及不受地形限制的优势,目前在农业、林业、物流、气象、航拍等领域有众多应用,快递领域主要有如下应用场景,如图 2-26 所示。

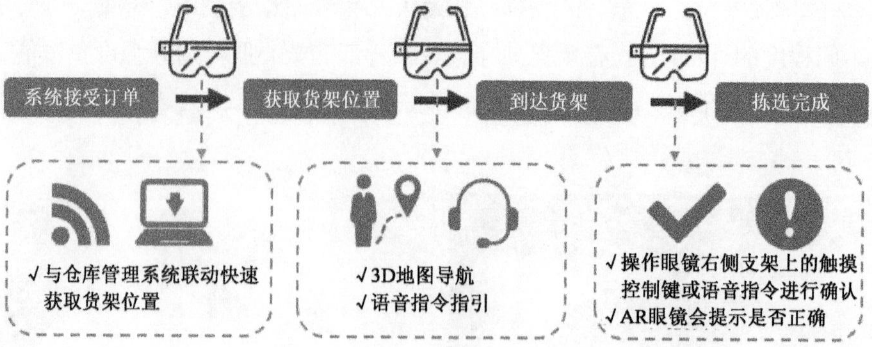

图 2-25　AR 眼镜辅助拣选示意图

图 2-26　无人机配送场景

（1）农村快递：在偏远农村实现快递运进去，农特产品运出来。

（2）医疗冷链：无人机紧急用药配送，解决偏远山区送药难、时效差、成本高等问题。

（3）军民融合：提供军用应急物品的配送保障。

（4）救灾领域：快速配送物资，现场勘测灾情。

无人机本质上是一种空中飞行载体，无视二维路面状况，直接在三维空间进行移动是其天然优势，因此无人机一定要与其他智能设备协同工作，将受制于地面束缚的事务移至空中，实现空地一体的无缝衔接，才能最终提升效率。

（一）无人机 + 车

“无人机 + 车”模式中，货车作为移动配送中心，与无人机优势互补，形成地空并行、移动式协作的末端配送解决方案。货车车顶配套有小型起降平台，无人机装载快递包裹得到配送指令后，即可自主规划飞行路线进行投递，与此同时快递员可以进行人工投递以及开往下一个配送地点，无人机在配送结束后自动飞回货车，并进行充电。

2017 年 2 月，美国一知名快递企业将货运卡车与无人机相结合（图 2-27），尝试“最后一公里”配送新模式：66000 辆送货车每天减少 1 英里（1 英里 = 1609. 344 米）路程，每年将节省 5000 万美元；无人机承包偏远地区的送货任务，将大幅降低货车末端配送时间。

图 2-27　“无人机 + 车”配送

（二）无人机 + RFID

“无人机 + RFID”将无人机空间飞行灵活性与 RFID 无须接触、可穿透性、快速批量传输等优势结合起来，打破高度和逐件扫描的束缚，成为灵活高效、低成本的仓储盘点新型解决方案。

无人机携带 RFID 读写器（图 2-28），基于自动规划飞行路线或者人工领航方式，遍历仓内所有货架商品的 RFID 标签卡并收集信息，与仓储管理系统进行实时联动，实现仓内快速盘点。仓内一般使用小型无人机，携带大尺寸和较为沉重的读卡器，会增加无人机的潜在风险，目前的解决方案主要包括为无人机配备用于信号放大的中继器或者研发便携式读卡器。

图 2-28　“无人机 + RFID”盘点示意图

2018 年 12 月,长安民生物流整车无人机盘点系统正式启用,如图 2-29 所示。该项目基于无人机路径自动规划,搭载 RFID 读写器,使无人机巡检并遍历整车场内所有商品车上 RFID 标签卡来实现商品车的快速盘点,准确率 100%,效率提升 300%。

图 2-29　长安民生"无人机 + RFID"盘点

（三）无人机 + 智能快件箱

"无人机 + 智能快件箱"实现了地空无缝衔接,是末端配送技术的新突破。智能快件箱成为无人机与用户之间的缓存平台,可实现无人机寄递全程自动化运行。作为解决方案的核心组成部分,智能快件箱首先辅助无人机精准降落,并自动完成包裹装卸分类、移置格口,以及无人机电池充电,然后用户只需要人脸识别验证身份后,即可取走包裹;同时当用户投递包裹后,智能快件箱可自动称量并生成运单,无人机会将包裹取走,实现快递自助收寄。"无人机 + 智能快件箱"在整个运行过程中可通过远程网络实时监控和干预,无须人工处理,真正实现无人机配送自动化和无人化,如图 2-30 所示。

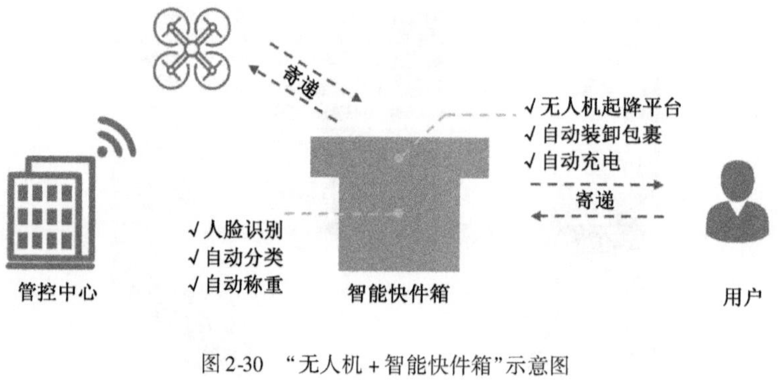

图 2-30　"无人机 + 智能快件箱"示意图

2018 年 11 月,顺丰无人机智能快件箱在赣州南康正式落地应用:智能快件箱最大储货体积为 0.648 立方米;可储存货物总重量达 180 千克,如图 2-31 所示。

2019 年 5 月,DHL 采用亿航天鹰无人机在广东进行首次试飞,全程飞行距离约 8 千米,该机型采用 4 轴 8 桨多旋翼结构、全备份多冗余设计、智能安全飞控算法,可实现垂直起降、视觉识别精准定位、智能规划航线、全自动飞行、实时联网调度,最大载重 5 千克的快递包裹,单程派送时间从 40 分钟大幅缩短至 8 分钟;降低运营成本高达 80%,如图 2-32 所示。

图 2-31 顺丰"无人机 + 智能快件箱"

图 2-32 DHL"无人机 + 智能快件箱"

三、无人车技术[1]

无人车的主要技术包括感知系统、决策系统、控制系统和通信系统。无人车主要有无人重卡、无人配送车两种类型。其中,无人配送车是应用在快递快运配送与即时物流配送中低速自动驾驶无人车,其核心技术架构与汽车自动驾驶系统基本一致,不仅适合开放密集的楼宇、城市 CBD,也可以在居民社区、校园、工业园区等封闭或半封闭的环境内运行,以此减少配送员的工作量。对于无人重卡而言,干线和港口是两个比较理想的落地场景,目前国内已有无人重卡落地干线、港口场景的实例。

1. 菜鸟网络——菜鸟小 G

菜鸟推出了末端无人配送车菜鸟小 G、菜鸟小 G 2 代以及菜鸟小 G Plus,如图 2-33 所示。2018 年 5 月,菜鸟首发了两款无人驾驶产品,包括定位于末端低速无人配送的固态激光雷达无人物流车和高速公路上的"公路高铁"。2018 年 9 月,菜鸟发布了两款第四代新零售物流无人车,车上分别搭载刷脸取件柜、零售货架等。菜鸟新一代无人车的车厢车体采用分离式设计,能根据新零售商业场景的不同,搭载不同的货箱,既可以是刷脸取件柜,也可以变成移动的零售车等。

2. 京东——自主研发的 L4 级别无人重卡

2018 年,京东正式发布自主研发的 L4 级别无人重卡,如图 2-34 所示。京东自主研

[1] 资料来源:《物流无人化发展状况与趋势展望》

发的首款无人重卡长 9 米,高 3.5 米,宽 2.5 米,车厢长度约为 14 米,自动驾驶达到 L4 级别,无人操作即可自动完成高速行驶、自动转弯、自动避障绕行、紧急制动等绝大部分有人驾驶功能。通过车顶车身搭载的多个激光雷达以及摄像头等多传感器融合,无人重卡可以实现远距离范围内的物体检测、跟踪和距离估算,自动判断并作出驾驶行为。通过采用视觉定位和高精地图结合,现有方案已经实现车辆的厘米级定位,即便在隧道中,也可精确通过。在自动驾驶技术的研发方面,京东非常看重全自主研发的自动驾驶货运车整体解决方案。

图 2-33　菜鸟无人车

图 2-34　京东自主研发的无人重卡

四、智能快件箱

随着电子商务在我国的蓬勃发展,快递业务量激增,给快递企业造成了巨大的压力,电商之间的竞争也愈演愈烈,谁占据了快递,谁就赢得用户和消费者,在这种行业背景下,以京东为首的多家电商巨头为解决快递“最后一公里”配送(图 2-35),依靠进入社区占据的线下入口和获得大量客户数据,以及将线下向线上导流而产生的流量变现价值,吸引了智能快件箱领域的发展。物联网、大数据和云计算是当代科技世界最火热的发展领域,而智能快件箱就是这三大科技领域完美结合的产物。智能快件箱终端便是物联网技术的典型应用,在智能快件箱终端上运营了大量的传感器和扫描识别设备,能够完成对现场环境和用户身份、快件信息的采集,并通过网络将这些信息进行上传。智能快件箱适用于投放小区、办公大厦便于快件存取寄的智能箱。专业解决快递行业“最后一公里”物流配送环节难题,灵活取件时间,为现代生活带来更多便利,助力智慧城市智能化升级。

图 2-35　京东末端配送机器人

智能快件箱的发展已有十多年发展历史,目前全球应用智能快件箱的主要地区为中国、美国、欧洲(德国、法国、意大利、西班牙等)、东南亚部分国家、南美部分国家,全球市场正处于高速增长阶段,各国的应用模式也不尽相同❶。

❶ 资料来源:《2017 年中国智能快件箱和自动寄存柜行业发展现状及未来发展趋势分析》

2020年智能快件箱迎来了业绩增长的爆发期。由于受新冠肺炎疫情影响,"无接触"成为全年热门关键词之一。智能快件箱助力快件"无接触"配送。据统计,2020年我国印发推进智能快件箱(信包箱)建设指导意见,推动纳入新型城镇化政策范畴,累计建成快递末端公共服务站11.4万个,布放智能快件箱(信包箱)40万组。自智能快件箱进入居民"最后一公里"的末端市场以来,就凭借灵活性、安全性和便捷性等优点,获得了大量消费者的认可[1]。图2-36显示,2017年我国智能快件箱市场规模达到129亿元,到2019年256亿元。2020年,我国智能快件箱市场规模达到354亿元,年复合增长率达到40%,比快递件量增速高出10%,也说明当前市场对于智能快件箱所承担的快件末端派送比例目前仍处于较低水平。

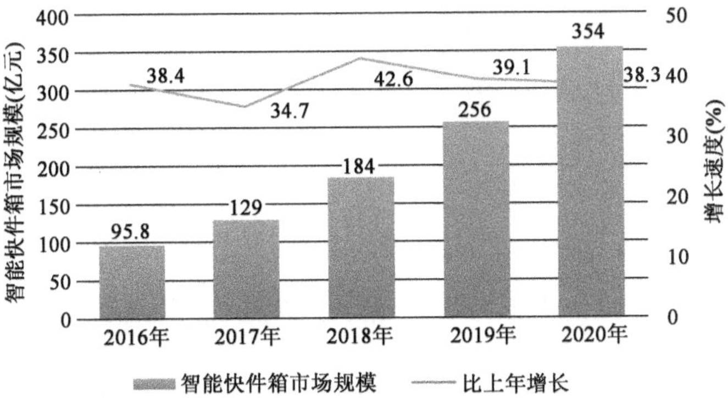

图2-36 2016—2020年智能快件箱市场规模及其增长速度[2]

智能快件箱的优势有如下几点。

(1)对于用户:安全可靠,智能快件存储;24小时自助服务,随时取件,增加生活效率;简单好用的自助服务体验;有效保护居民隐私,提高生活质量。

(2)对于快递员:无须等待,减少不必要的沟通成本;投递时间短,平均一分钟投一件免去爬楼烦恼,不上楼不丢件;集中投递,降低二次派送率。

(3)对于小区物业管理:节省场地,可靠安静整洁;避免丢件,减少业主纠纷;减少堆积,提高服务质量;提高小区智能化水平。

(4)对于快递公司:后台集中管理,集中派送,快递配送效率显著提升;改善爆仓、用工成本上升、招聘快递员难的问题;提高盈利水平。

丰巢智能快件箱:

2020年12月,国家语言资源监测与研究中心发布"2020年度中国媒体十大新词语"。"无接触配送"作为新冠肺炎疫情年产生的新服务模式,以超高的关注度成功上榜。这也意

❶ 资料来源:中物联智慧物流分会

❷ 数据来源:《2017上半年智能快递柜市场报告》

味着，在新冠肺炎疫情的影响下，无接触配送已经成为越来越常见的一种服务形式，深入居民的日常生活。基于这种社会背景和民众需求，丰巢于近期启动新百城计划，在100个地级以上城市进行拓展入驻，旨在为更多城市的客户提供优质安全的无接触配送服务。

第三节　绿色循环技术

在绿色快递方面，全球各快递电商、环保科技企业都在推进绿色包装应用，实现可持续发展。美、日、欧等国家和地区快递领先企业起步较早，绿色快递观念意识较强，绿色快递研发、实践经验丰富，例如美国已经开始利用秸秆加工而成的包装盒运输酒类产品。近年来中国各快递电商、环保企业也在加速研发绿色包装技术，出现了大量效果显著的科技成果。

一、电子运单

广东某公司的贴纸产品：包括二层热敏不干胶电子运单和二层可变扫描计件运单，市场认可度较高。另外，无底纸贴纸和可变码组合的“电子邮票”产品正处于研发阶段，如图2-37所示。

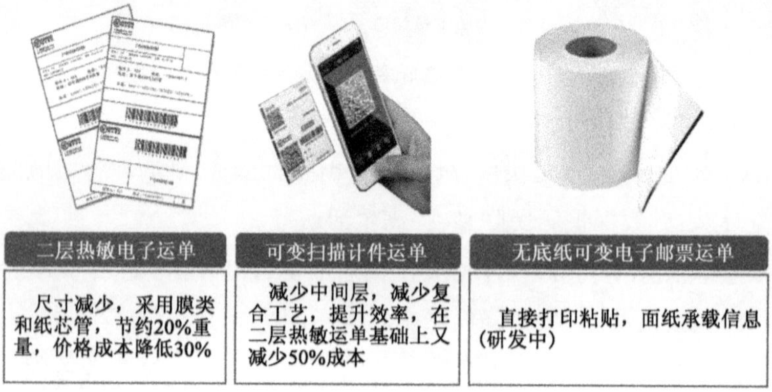

图2-37　研发产品及特点

二、循环快递箱

（1）**顺丰——“丰BOX”循环箱**（图2-38）：由拉链牛津纺、中空PP板材、内绑带等部分组成，设计循环50次，具有抗压、防水、减少内填充、免胶纸、防盗、可追踪、可折叠等功能，当“丰BOX”箱子破损无法再寄件利用时，会被统一安排寄往供应商处进行修复或者溶解再造，有效解决了高成本、多破损、操作效率低、资源浪费等问题。目前循环使用次数达到700万次，减少了大量快递胶纸、传统包材气泡膜、珍珠棉的使用。

图2-38　“丰BOX”循环箱

(2)**京东——青流箱**(图2-39):由最新的热塑性树脂材料制作,采用中空板结构,可5秒钟成型打包,抗打击、耐高低温和湿度性能强,正常情况下可以循环使用20次以上。

(3)**菜鸟——循环箱**(图2-40):采用“插拔式”的指环锁扣设计,无须胶带、可折叠,所选用塑料是最轻的种类之一,仅为普通材料的四分之一,设计使用寿命两个月左右,在箱子破损之后,可回收再造,整个生产过程绿色无污染。

图2-39 京东青流箱

图2-40 菜鸟循环箱

(4)**中国邮政——绿色环保包装箱**(图2-41):中国邮政集团公司通过开展包装减量、胶带瘦身、循环回收等计划,有效推进快递包装减量化、绿色化和可循环化,主要涉及的三款绿色包装箱分别为“轻装箱”“易封箱”和“环邮箱”。

(5)**苏宁——共享快递盒**(图2-42):其2.0版本具有轻便易用、表面刚度高、抗划痕、柔韧性好、不容易开裂、坚固耐用、抗震防摔的优点,可有效循环使用60次以上,折叠化设计,非常适合在仓库与运输途中的堆、叠、码,实现了快递全流程在线、动态的盘点和回收管理,100%回收无污染循环再造。

图2-41 中国邮政环邮箱

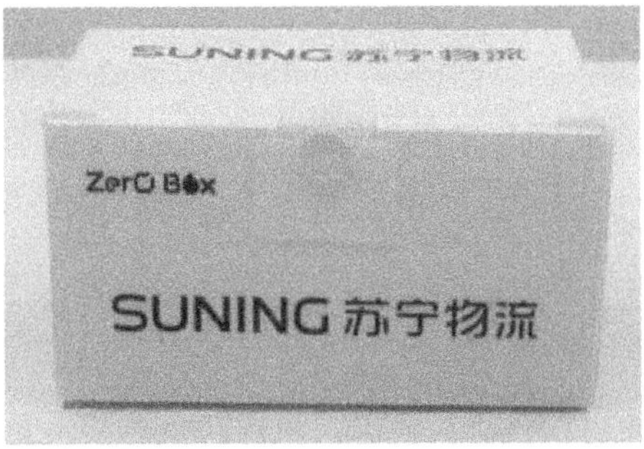

图2-42 苏宁共享快递盒

三、循环袋

(1)**中国邮政新型方底邮袋**(图2-43):新型方底邮袋采用塑料编织布材料,尼龙搭扣封扎方式,循环使用次数在20次以上;方底易于盛装包裹类、印刷品类和信函类邮件,并且塑料编织布材料较硬,易于形成长方体状,粘贴标签后较平整,易于条码识读;容器袋身缝制有亚光的硬质塑料板,既能够增加袋身的平整度,又能够方便粘贴标签,保证粘贴的牢固度。

(2)**环保 RFID 环保袋**(图2-44):带芯片可循环使用的绿色快递材料,通过使用 RFID 电子标签,为环保袋提供有效的耗材数据化运营管理及环保袋本身的生命周期管理,申通快递全网投入环保袋500万条。

图2-43　新型方底邮袋

图2-44　RFID 环保袋

第四节　人工智能技术

根据目前人工智能技术发展情况,有以下热点技术领域:一是计算机视觉,即计算机从图像中识别出物体、场景与活动,该语音在医疗、汽车驾驶、安防等领域有广泛应用前景;二是语音识别,即计算机自动且准确地转录人类语音,其应用领域包括医疗听写、语音书写、电话客服等;三是自然语言处理,即计算机拥有人类般的文本处理能力,其在物联网、智能硬件、智能家居、咨询顾问等领域发展活跃;四是机器学习,即计算机系统依靠数据训练提升自身的能力,已在金融、医疗、互联网、无人驾驶等领域得到应用;五是机器人相关应用,使得计算机具备与人类类似的工作能力,在工业、安防、军事、危险区域作业等领域的应用最为显著。目前人工智能技术在快递业中应用主要集中在以下几个方面。

1. 计算机视觉

通过综合运用图像识别技术,实现单据数据实时处理和应用,优化单据系统业务处理流程,同时大幅降低纸质单据信息获取的成本。目前,顺丰科技通过对手写汉字运单的机器图像识别,目前已帮助大幅节约纸质运单输单人力;在印刷体识别方面,发票、营业执照和身份证识别服务已在试点运行,整体准确率达到90%以上,未来将取代人工录入发票、营业执照和身份证等信息的工作。

2. 自然语言处理

依托呼叫中心海量的话务数据,在庞大的数据样本之上,通过语音语义分析等技术,实现智能客服高效学习和训练,智能客服在客户下单环节及其他客服场景均能实时识别客户意图,并针对客户问题进行标准答复或辅助客服工作，不仅给客户带来更智能、人性化的服务体验，也能提升人工效能，降低服务成本。目前顺丰控股已上线应用客服机器人“丰小满”，包括智能外呼，语音客服及客服助手；圆通近期也与科大讯飞合作，上线了智能客服用于缓解呼叫中心人工压力。

3. 新一代数字地图

以 GIS 技术为基础，融合大数据和人工智能等技术，面向未来智慧物流的新一代数字地图，提供高精定位、精准地址匹配和路径规划等专业服务，为物流决策提供基础支撑。在高精定位方面，通过 GPS 定位、基站定位、混合定位三种定位模式为用户提供高精度的定位服务，新一代数字地图可通过获取用户位置，设置电子围栏，实现高精度信息推送，通过单元区域分布合理布置资源，实现效益最大化。在精准地址匹配方面，通过将地址按 18 级进行标准地址分级，形成标准地址，并对应赋予坐标及单元区域，为物流行业其他业务系统提供准确、有效的数据信息。

目前，顺丰智能地址输入服务已在全国上线，每天请求量 4500 万以上，提升了客户地址输入体验，规范地址数据质量。路由分单产品已在深圳、上海、北京和广州上线，统一顺丰收派地址库和单元区域数据，保证了实时性和精准性，并减少 30% 以上人工审补工作量。京东也建立了相似的数字地图平台，采用 GIS 数据层，GIS 服务层和 GIS 客户端展现层三层架构，实现智能导航、车辆实时位置监控、车辆历史轨迹回放和包裹跟踪等功能。

4. 线路规划与仓储优化

线路规划是快递物流行业的核心技术问题，应用机器学习、强化学习等人工智能技术，与传统的运筹学优化算法、近似求解算法结合在一起，构建线路规划算法和系统，可支持同城动态接驳，静态干、支线路由等应用场景，并且可在动态与静态模式之间无缝切换，为未来更大范围地去中心化的动态路径优化提供了解决方案。

除了线路规划之外，还可利用人工智能技术相关算法将中转场的流向与分区的配载优化、仓库的库存优化等问题组合在一起，并应用到仓库等场地内拣货最优路径规划方面，构建成快递物流行业的完整网络规划与优化算法系统，有助于提升运输时效，降低运输成本，优化中转场负载与仓库库存。目前，顺丰科技、京东 Y 事业部和百世研发中心等已将相关技术应用到其生产实践当中。

5. 无人仓

仓储结合人工智能、大数据和工业机器人等技术，实现定制化、系统化整体物流解决方案。“无人仓”在控制算法、工业设计、机械结构、电气设计、应用场景等方面取得了大量的技术突破与创新。通过搬运机器人、货架穿梭车、分拣机器人、堆垛机器人、六轴机器人、无人叉车等一系列物流机器人的协同工作，组成了完整的中件商品与小件商品智慧物流场景。目前，京东和顺丰等多家企业均大力发展无人仓储项目，布局人工智能与智慧物流发展平台。

第三章

快递业科技创新面临的形势

"十三五"以来，快递行业切实加大科技引导力度，有关企业充分发挥科技创新主体作用，共同推进行业科技进步，各方面取得新的成效。快递业科技创新能力正在从"量的积累"向"质的飞跃"、从"点的突破"向"系统提升"转变，对促进快递业持续健康发展发挥了重要作用。"十四五"时期是我国在全面建成小康社会、实现第一个百年奋斗目标之后，乘势而上开启全面建设社会主义现代化国家新征程、向第二个百年奋斗目标进军的第一个五年。进入新阶段，我国快递业发展仍然处于重要战略机遇期。但机遇和挑战都有新的发展变化，主要表现在，党中央、国务院高度重视快递科技发展，加快构建国内国际双循环相互促进的新发展格局对行业高质量发展提出更高要求，加快建设与国家综合立体交通网深度融合的快递网为行业高质量发展提供更好机遇，快递科技在关键核心技术的短板与不足给行业高质量发展带来更大挑战。

第一节　国家高度重视快递科技发展

快递业是现代服务业的重要组成部分，是推动流通方式转型、促进消费升级、助力生产发展的现代化先导性产业。建设邮政强国，是建设社会主义现代化强国的应有之义，是满足人民日益增长美好用邮需要的必然要求，也是维护国家经济安全、提升国家竞争力的重要保障。从表现形式上看，邮政强国的重要标志之一，是行业科技创新和应用水平应当处于世界领先地位，培育出一批科技密集型的领军企业，培养出一批敢为人先、勇攀高峰的科技创新人才，涌现出一批研发水平高、综合效益强、推广价值大的科技创新成果。从内生动力上看，推进邮政强国建设，必须实现从传统要素驱动向创新驱动转型，科技创新必须紧紧围绕行业发展主战场，为不断深化供给侧结构性改革提供技术支撑和保障，有力拓展产业链、融通供应链、提升价值链，推动产业高效融合、有效满足发展需求。

当前以物联网、云计算、大数据、5G、人工智能、AR、VR、类脑计算、区块链、3D 打印等为代表的新一代信息技术迅猛发展、创新日新月异，正加速推动产业快速迭代和颠覆性重构，生产方式、生活方式和管理模式发生着前所未有的深刻变革，促进快递业更加智慧。互联网、大数据、人工智能和快递业的深度融合，将有力促进快递业智能化转型，提升行业核心竞争力。5G 网络成为未来技术应用和创新最重要的基础支撑，其高带宽、低时延、广连接三大特征，为行业实现实时可靠的信息交互和人、车、件、场地的海量物联提供了高效的解决方案，为服务三次产业都提供了广阔的应用场景，对快递业的发展将产生不可估量的积极影响。人工智能将引领新一轮科技革命和产业变革，其深度学习、跨界融合、人机协同、群智开放、自主操控等新特征，将为快递业各环节提供高端化、智能化、一体化解决方案。云计算、大数据、区块链等技术加快应用普及，将极大促进快递企业优化作业流程、提高生产效率、提升服务质量、确保寄递安全，为行业提质增效、转型升级提供有力保障。信息技术的创新发展和突破应用，为快递业以信息化引领跨越式发展和高质量发展创造了新机遇。

创新是引领发展的第一动力，是建设现代化经济体系的战略支撑。科技创新从来没有像今天这样深刻影响着国家前途命运，从来没有像今天这样深刻影响着人民生活福祉。这些科技革命和产业变革为今后一个时期快递业科技创新工作创造了难得的发展机遇，也对行业科技创新工作提出了更高要求。习近平总书记强调，当今世界正经历百年未有之大变局，我国发展面临的国内外环境发生深刻复杂变化，我国“十四五”时期以及更长时期的发展对加快科技创新提出了更为迫切的要求。一是加快科技创新是推动高质量发展的需要。建设现代化经济体系，推动质量变革、效率变革、动力变革，都需要强大科技支撑。二是加快科技创新是实现人民高品质生活的需要。当前，我国社会主要矛盾已经转化为人民日益增长的美好生活需要和不平衡不充分的发展之间的矛盾,为满足人民对美好生活的向往,必须推出更多涉及民生的科技创新成果。三是加快科技创新是构建新发展格局的需要。推动国内大循环,必须坚持供给侧结构性改革这一主线,提高供给体系质量和水平,以新供给创造新需求,科技创新是关键。畅通国内国际双循环,也需要科技实力,保障产业链供应链安全稳定。四是加快科技创新是顺利开启全面建设社会主义现代化国家新征程的需要。从最初提出“四个现代化”到现在提出全面建设社会主义现代化强国,科学技术现代化从来都是我国实现现代化的重要内容[1]。2020年7月24日,交通运输部与科学技术部举行部际会商,围绕科技创新驱动加快建设交通强国进行深入交流并达成共识。交通运输部党组书记杨传堂主持会商,交通运输部部长李小鹏、科学技术部部长王志刚出席,并代表两部签署了《科学技术部 交通运输部 关于科技创新驱动加快建设交通强国的合作协议》(简称《合作协议》)。党组书记杨传堂指出,要深入学习贯彻习近平总书记重要指示精神,深刻把握科技创新对加快建设交通强国的重要引领和支撑作用,坚持问题导向、强化技术攻关,抓好重大工程示范,推进产学研用一体化,强化机制协同,拓展平台载体,营造良好环境,更好助力科技强国和交通强国建设。李小鹏部长表示,新形势下,加快建设交通强国对科技创新提出了更高要求,两部合作前景广阔。要加强合作,做好顶层设计,支持关键核心技术攻关,推动科技创新改革政策在交通运输行业落地,为加快建设交通强国夯实科技支撑。王志刚部长指出要以科技创新驱动全面支撑交通强国建设,加强对接,积极落实《合作协议》内容,共同推动科技强国和交通强国建设。2020年10月16日,交通运输部党校举行2020年秋季学期开班式。部党组书记杨传堂出席开班式时强调,要认真学习贯彻习近平总书记关于交通运输工作的重要论述,加快建设交通强国,奋力建设人民满意交通,为实现“两个一百年”奋斗目标和中华民族伟大复兴的中国梦当好先行。2020年11月2日至4日,全国邮政管理系统学习贯彻党的十九届五中全会精神培训班暨2021年工作务虚会议在京召开,局党组书记、局长马军胜主持会议并作总结讲话。马局长要求要坚持创新在全局中的核心地位,实现高质量、高效能发展。强化需求牵引供给、供给创造需求的动态平衡,拓展新市场。建立创新体系,统筹基础研究和关键技术研究,推动已有技术成果落地,提升现代化水平。

第二节　快递科技推动行业畅通“双循环”

2020年以来,中国面临的国际形势非常严峻,挑战之大超出所有人的预期;世界变化之巨超过所有人的预期;中国在抗击新冠肺炎疫情中,经济恢复的速度和取得的成就也超出了所有人的预期。世界银行、国际货币基金组织(International Monetary Fund,IMF)、经济合

[1] 资料来源:习近平在科学家座谈会上的讲话(2020年9月11日)

作与发展组织(Organization for Economic Co-operation and Development, OECD)对中国经济的预期最高不过1.2%。但是,在新冠肺炎疫情和复杂严峻的国际形势面前,在中国共产党的领导下,经过全体中国人民的努力,中国经济第二季度已经实现了3.2%的增长,转负为正,来之不易。中国经济增长的态势总体上好于其他国家,在战胜新冠肺炎疫情的同时可以实现稳中求进、稳中求好、稳中求远。中国仍然具有经济发展的强大韧性、空间和潜力,还有独特的比较优势和集成优势。循环的本质是要"互联互通",通达通畅。在整个社会化大流通中,现代物流成本越来越成为流通总成本的主体部分。因为商流、信息流、资本流和知识流等这些所有的要素禀赋流通,都可以通过互联网来实现替代,降低寻找市场、寻找信息的时间成本,甚至可以降为零,但需要筛选过滤。资本流也可以通过网络支付瞬间完成。商流、信息流、资本流和知识流都可以是低成本的、无障碍的、瞬间完成的,但是唯有"物"在物理意义上的流动是不能被替代的,只能用现代物流技术(包括智慧物流、绿色物流、信息化物流)来替代传统物流。美国在第二次世界大战时期已经开始对物流供应链进行探索,那是一套战时后勤系统。20世纪五六十年代,日本大力发展现代流通,并且正式提出现代物流理论、体系、概念,逐渐形成现代物流。中国从20世纪八十年代开始,引入现代物流概念和技术,经过多年的发展,我们也形成了自己的现代物流体系。因此,现代物流在整个流通过程和流通成本中将成为主体。

建设快递网有助于提升产业链供应链稳定性和竞争力,共建"一带一路"高质量发展、创新驱动发展、区域协调发展、乡村振兴等战略的持续推进对交通运输、快递发展提出了更高要求。供给侧结构性改革将进入攻坚期,构建高能级的国家供应链体系至关重要。随着我国经济在全球供应链中的功能和地位不断提升,网络、人才与技术成为全球供应链体系建设中最关键的要素。为此需要建设与中国供应链特征配套的全球寄递物流网络,进一步提升快递网络的效率,畅通国内国际双循环,提升战略支撑能力和国家供应链发展能力。预计到2035年,通过快递网络运递的商品价值将达到国内生产总值的1/4左右,总价值将达到50万亿人民币左右,成为国民经济的重要基础设施,直接影响着经济运行效率和国家竞争力。建设快递网既是资源集约背景下高效配置网络的必然要求,也是不断提升战略支撑能力的客观需要。布局快递网,要着力构建覆盖全球、结构优化、通达顺畅、适配合理、衔接高效、循环稳定的全球寄递物流骨干网,助力拓展国际贸易渠道,助力制造业有效运用全球优势资源,增进全球经济互联互通。在网络覆盖方面,形成面向全球的服务能力,包括全球揽收、全球处理、全球通关、全球运输、全球投递等能力。在网络能级方面,形成日处理容量超10亿件、峰值处理容量超20亿件的能力,同时具备高强度的网络韧性,能够实现高倍承压系数下的稳定运转。在网络效率和深度方面,满足城乡十几亿人口、人均日使用1次以上的需求,而且尽可能节约城乡道路资源、场地资源等。在服务功能方面,实现从寄递服务向综合物流服务拓展,从服务消费向同时服务生产、流通和消费延伸,具备全球端到端一体化的综合物流服务能力。在安全能力上,从被动安全向主动安全升级，具备发现、预警、处理等能力。在特殊场景下能够满足特大自然灾害、战争、大型公共卫生突发事件等特殊情况下的寄递物流需求，保障战略物资的投运和生活物资投递。

在社会化大生产中，生产、流通、消费都会被纳入全过程。这种全过程流通所花费的时间在生产环节只占时间成本的 10%，其余 90% 的时间花费在流通过程之中。在产品构成成本中，比如制造业产品的成本，物流成本普遍占到了 40% ~60%，农产品的物流成本占比高于制造业产品，价值低、重量大的制造业产品的物流成本会更高。因此，流通成本最终取决于物流成本，物流成本的高低是双循环是否可以“通”的关键。中国之所以能形成产业链、供应链、服务链、价值链，一是因为有了信息系统，二是因为有了以现代物流技术为支撑的现代物流体系，包括在物流理念中的一单到底、多式联运、减少班倒次数等传统物流在互联网技术与未来 5G、物联网、人工智能、区块链等的发展与支持下，会因为信息技术支持而转变为现代物流。信息成为物流的流程设计、流程路线、流动方式、物流成本的先导性要素，因此，在产业链、供应链、服务链、价值链中，物流能否形成这些链接的中枢神经更为关键，比如供应链中，假如物流断链，供应链也会断链。贸易断链是商流的断链，是资金链的断链。但是，最可怕的就是物流链的断链，如果商品物流运输过程出现问题，就会导致产业链全部断链。因此，它是制造业的灵魂，也是连接产业链链条的中枢神经。

第三节　加快建设现代化高质量快递网

党的十九大立足新时代新征程，作出了建设交通强国的重大决策部署，这是以习近平同志为核心的党中央对交通运输事业发展阶段特点和规律的深刻把握，是全国人民对交通运输工作的殷切期望，也是新时代全体交通人为之奋斗的新使命。我们要以党的十九大精神为指引，奋力开启建设交通强国的新征程，为全面建设社会主义现代化国家提供战略支撑❶。习近平总书记指出，“综合交通运输进入了新的发展阶段，在体制机制上、方式方法上、工作措施上要勇于创新、敢于创新、善于创新，各种运输方式都要融合发展”“平衡各种运输方式”“加快形成安全、便捷、高效、绿色、经济的综合交通体系”等等。这些重要论述为现代综合交通运输体系建设指明了方向和路径❷。这要求我们把交通一体化作为先行领域，加快构建便捷顺畅、经济高效、绿色集约、智能先进、安全可靠的综合立体交通网，真正实现各种运输方式深度融合、系统集成和一体畅联。快递网与综合立体交通网密不可分，铁路、公路、航线、场站等综合立体交通网的组成要素，都是快件寄递流程赖以完成的基础。因此，快递网的规划布局和建设调整，应当充

❶ 资料来源：2018 年第 4 期《求是》刊文：《奋力开启建设交通强国的新征程》

❷ 资料来源：2017 年第 20 期《求是》刊文：《奋力从交通大国向交通强国迈进》

分考虑综合立体交通网的资源分布，才能更好地运用各种运输方式，平衡时限要求和成本诉求。这是快递业在“服务全领域、激活全要素，打造双高地、畅通双循环”中发挥作用的基础。一方面，快递需求对综合立体交通网的建设起到前期提供需求引领、后期提供效率验证的作用。另一方面，公铁水航等基础设施的供给引发快递运输需求的变化和调整。因此，能否满足快件在全球范围内安全高效传递需求，是评判综合立体交通网布局是否合理、能力是否适应的重要标准之一。综合立体交通网的优化完善，应当充分考虑快递网的需求，才能真正体现布局的超前性。《交通强国建设纲要》在基础设施、运输服务、绿色发展和治理体系等方面，提出了加强农村邮政等基础设施建设、打造具有全球竞争力的快递核心枢纽、建立通达全球的寄递服务体系、加快快递扩容增效和数字化转型等多项任务。《邮政强国建设行动纲要》进一步细化落实，提出“构建综合立体、通达全球、智能高效、安全便捷的服务网络体系”“优化寄递枢纽和快递物流园区布局，提升交通枢纽的寄递配套能力”“打造具有全球竞争力的快递核心枢纽”等战略任务。落实交通强国和邮政强国要求，建设一个支撑有力、运行高效的快递网，以此为基础推进快递服务水平和战略支撑能力的提升，能够更好发挥快递业基础性、战略性和先导性作用。

党的十九大明确全面建成社会主义现代化强国的战略安排，“邮政强国”是社会主义现代化强国的重要组成部分，与“交通强国”有机衔接，是有效发挥快递业服务消费升级、带动流通转型、促进生产发展的关键举措。“网络强国”战略实施为快递业发展提供了巨大的发展空间，为了更好构建匹配数字中国、智慧社会发展的快递业务运行和监管服务体系，更好地服务经济社会现代化建设、满足人民群众日益增长的美好用快递的需求，建设“邮政强国”已成为快递行业的必然要求。在社会主义现代化强国的大局中，需深刻认识现代化“邮政强国”建设的丰富内涵，以行业数字经济和科技创新水平、科技成果转化和渗透应用水平作为重要衡量标准，以服务经济社会快速发展、强化快递业务国际竞争优势作为关键指标，凸显快递业通政、便民、利商的综合服务功能，发挥快递业固国、兴国、强国的基础先导作用，将我国建设成为人民满意，服务有效，世界领先的现代化邮政强国。

第四节 行业关键核心技术存在的短板和不足

快递行业关键核心技术主要体现在信息化系统和自动化作业系统两个方面。关于信息化系统，在应用软件层面，快递行业信息系统的设计研发均已实现完全国产化。但在基础软件和硬件层面，对国外技术尤其是美国技术还存在比较严重的依赖现象。一是 IT 硬件设备。服务器绝大部分采用 X86 架构，整体上浪潮、曙光等国内厂商和戴尔、惠普等国外主流厂商差距不大，但其 CPU 等核心部件仍需要从国外进口，国内不可代替。存储设备多用国产的华为、浪潮，日本的 HDS（Hitachi Data Systems，日立数据系统），美国的 RAID（Redundant Arrays of

Independent Disks,磁盘阵列)等;网络和安全设备绝大多数由华为、新华三、深信服科技等国产厂商提供,以上设备的部分核心技术和部件仍需要国外尤其是美国企业供货。二是基础软件。基础软件主要被美国企业如微软、甲骨文和谷歌等所控制,国内可替代性较低。操作系统主要为 Windows 系列和 Linux 系列,均为美国研发,国内推出了一些基于开源技术的操作系统,但整体应用规模不大。行业内所用数据库多为瑞典生产的 Mysql、美国生产的 Oracle、SQL Server、TeraData 等,国内也自主研发了一些数据库可以代替国外数据库,但性能方面远不及国外。中间件几乎全为国外生产,如 JDK(Java Development Kit)和 WebLogic 等美国品牌、Congons 加拿大品牌,部分企业基于开源技术研发了定制化的中间件产品供自身使用。三是应用软件。目前快递企业核心的生产系统如下单系统、分派系统、订单追踪系统等均已全部实现自主研发,部分需要开源算法的支持,但均已掌握源代码。

关于自动化设备,目前行业主流的自动分拣设备、无人化设备、安检设备和终端设备等的研发与制造均在国内完成,但其重要的零部件、工具平台等仍受国外较大影响。一是自动分拣设备。自动分拣设备大部分都是国内自主研发和生产,但其核心的电机、控制芯片和传感器等均不同程度依赖国外技术,主要是欧洲技术。二是无人化设备。机器人、无人机、无人车在产品层面,均为国内自主研发和生产,但部分技术模块不同程度依赖国外技术和设备:机器人的芯片来自美国,减速机来自德国、日本或意大利,电机来自日本和德国,控制器来自奥地利和日本;工业 3D 相机来自德国,工业显卡来自美国。在设备软件方面,求解器主要依赖于美国;仿真软件特别是动态仿真软件主要依赖于美国、澳大利亚和欧洲等国家和地区。无人车内所用传感器(光学读码器、激光扫描仪等)均出自德国,相关的自动避障技术来自德国。三是安检设备。安检设备主要包括 X 光安检机、CT 型安全检查系统和毒品爆炸物检测仪等,均为国产自主研发和生产。但高速 X 光安检机的光源发生器和 CT 型安全检查系统中所用的滑环系统均来自国外技术,主要是瑞典和德国。四是终端设备。目前行业内所用手持终端基本国产化。但手持终端所使用的 Android 系统和 ARM(Advanced RISC Machines)芯片均为美国技术。智能快件箱均为自主研发和生产。快递行业作为技术应用型行业,目前已基本实现产品和应用层面的国产化,但底层的基本工具和主要零部件等关键核心技术仍然不能自主控制,还有较长一段路要走。信息化领域 CPU 核心芯片、数据库等基础软件,自动化设备中的控制芯片、工业显卡、大气压力测量等精密元器件,这些技术研发需要大量资金投入,研发壁垒较高,研发周期长,国内短时间内无法突破。行业内所用的电机、传感器、工业控制器等均来自外技术或从国外进口,据了解,国内也有企业从事此类产品的研发和制造,但因国外产品在价格和性能方面均存在明显优势,国内产品竞争压力大,市场份额很小,自主研发意识不强。

第四章

快递业科技发展趋势

从人工机械化时代到自动化时代,再到现在迈向智慧化时代的进程中,科技始终是推动快递业不断发展的重要力量。当前和今后一个时期,快递业科技创新工作的总体要求是:以习近平新时代中国特色社会主义思想为指导,全面贯彻党的十九大精神和习近平总书记关于科技创新系列重要讲话精神,加快落实中央关于新一代科技创新和人工智能发展重大决策部署,以提高快递业发展质量和效益为中心,以加快人工智能与快递业深度融合为主线,驱动快递业生产技术更新、商业模式创新和治理方式革新,加快推进快递业“互联网+”向“智能+”升级,引领支撑快递业高质量发展。

第一节 快递业科技发展趋势

如今,我国快递业已被喻为中国经济的一匹"黑马"。之前的"黑"在于高速增长的业务量,而今后要继续保持"黑马"的本色,就要融入更多科技元素,坚持智慧发展。科技与现代制造业、生产性服务业等的融合发展,也将进一步创新服务链、打通信息链、改造实物链,助推快递业步入新的发展时代。

快递业对云计算、大数据及物联网的综合运用已成为大势所趋。未来快递业的发展不仅如此,它还将实现操作无人化、运营智能化、决策智慧化。快递系统和设备能够自主进行路线设计、仿真人类的视觉识别、抓取等动作,并可将各环节的智能设备系统化有机地结合在一起,实现运营的智能化。原本依靠经验的决策体系,也将通过大数据和人工智能技术彻底改变,系统和设备实现自我思考和自主决策,做到决策的智慧化,真正实现智慧快递。

一、趋势一:人工智能推动行业变革

人工智能是研究、开发用于模拟、延伸和扩展人的智能的理论、方法、技术及应用系统的一门新的技术科学。随着计算平台算力的提升,算法的迭代升级,人工智能技术将进一步释放巨大能量,一系列智能水平更高的快递科技将引领快递业走向智慧化阶段。一是智能设备重组快递生产要素,智能硬件设备研发将使快递行业从人工分拣向自动化、智能化方向快速发展,智能感知技术、信息传输技术,机械臂、机器人、自动化分拣带、无人机等智能硬件设备将在快递运作各个环节广泛应用。二是智能计算重构快递运作流程,尤其是智能快递云平台的建设,其将实现对供应链、实体快递的数字化、智能化、标准化和一体化综合管理。三是形成全新的快递生态系统,在人工智能的协助下,多式联运高效运输将得到实现,通过人工智能、云计算、大数据、物联网等技术,可实现集铁路、公路、航空"三位一体"的智慧多式联运。未来五年,人工智能技术将重点在以下领域加速落地:

"智能+"客户服务,将促进服务品质化。研发基于"智能+"的客户服务软件,丰富完善智能下单、智能跟踪查询、电子支付等服务功能,提升服务便利程度。采用人脸、指纹等生物识别技术,提升智能服务终端的安全性能,推动智能信包箱、智能快件箱在城乡地区普及应用,推进普遍服务与快递服务一体化、智能化发展。无人机加速在偏远农村、交通不便地区推广应用,建立无人机运行管理平台,提升服务效率,促进城乡普惠。运用自然语言处理、机器学习等技术,推动智能客服在业务咨询、客户分流、自助下单、查询投诉等场景的应用,辅助完成沟通交流、信息反馈等业务,提供更加个性化、便捷化的服务。

"智能+"基础设施,将促进网络智能化。智能收寄、分拣、投递等设备的推广应用,将加强寄递物品、运输车辆、服务人员、服务设施等物理元素转化为数字元素，形成数字化、可视化、智能化的寄递网络。充分利用5G技术实现基础设施的高效互联，畅通服务、生产、管理等全环节信息流，实现寄递网络全要素数据资源的广泛覆盖、全面整合、系统应用。快递企业将继续深入实施“库改云”，加快大数据中心建设，推动信息化应用向“快递云”平台迁移。通过大力推进基础设施数字化转型，进一步夯实算据、改进算法、提升算力，构建起快递业实施“智能＋”的坚实基础，为推进人工智能与快递业深度融合提供有力保障。

“智能＋”生产组织，将促进运营高效化。打造基于计算机视觉的智能分拣系统，集成小黄手、机械臂等不同类型的工业机器人，自动完成识别、抓取、码放一系列分拣操作，推进处理（分拨）中心无人化建设，提升自动化作业水平。整合语言识别、图像识别、灰阶判读、机器智能等人工智能技术优势，研发推广集“无人值守、快速检测、智能识别、自动判图、自动报警、自动筛选、自动贴标”等功能于一体的智能安检系统，提高安全检查效率和准确度。研发操作行为智能识别系统，自动识别“暴力操作”，为有效规范业务操作提供技术支持。研发新一代快递数字地图，优化运输网络及收派路径，有效降低运递成本。加强车载感知、自动驾驶、车联网、物联网与人工智能技术的集成创新，积极推动无人驾驶汽车在运输环节的应用。

“智能＋”关联领域，将促进产业协同化。建设全国统一的寄递地址编码库，深度挖掘电商数据，强化上下游信息联通，科学布局仓储设施，实现信息数据实时共享、线上线下充分融合、国内国际一体发展。快递企业与生产企业探索合建供应链协同平台，形成内嵌式、标准化的协同作业模式和流程，加快实现需求、库存和物流信息的实时共享，提高服务响应速度和资源使用效率，提供专业化、精细化的供应链服务产品。区块链、RFID和温湿度传感设备等与5G网络充分结合，对医药、生鲜农产品等在途运输和进出库过程中的温湿度进行精准实时监控，实现全程不断链。充分发挥寄递网络广覆盖的优势，推动与政务、税务、警务、医疗、文化等公共服务平台的有效对接，拓展服务品种，提高服务便利性、多样性和可及性，助力乡村振兴和智慧城市建设，提升人民群众的幸福感、获得感和安全感。

“智能＋”决策监管，将促进治理现代化。实施快递智慧监管，提升数据监测、综合研判和协同监管能力，建设快递业大数据中心，充分利用数据挖掘、处理和可视化等关键技术，有效支撑重大决策、运行研判、诚信管理、风险预警、应急处置、行政执法等管理活动，提升政府治理现代化水平。加强快递业数据安全防护体系建设，加快区块链、态势感知等安全技术应用，开展关键信息基础设施识别认定工作，全面实施快递业信息系统安全等级保护制度，提升数据安全预警和溯源能力，确保个人寄递信息和企业运行信息安全。加强政务信息资源整合，更好地与公安等部门联动配合，积极稳妥推进数据公开，畅通政府与公众的交互渠道，提升信息服务水平。

二、趋势二:物联网应用高速发展

物联网是通过二维码识读设备、射频识别装置、红外感应器、全球定位系统和激光扫描器等信息传感设备,按约定协议,把任何物品与互联网相连,进行信息交换和通信,实现智能化识别、定位、跟踪、监控和管理的一种网络。实现上述功能所采用的一系列技术被称为物联网技术。在快递电商领域,货运车联网、货车编队行驶、物流园区车辆调度管理、仓内作业、末端配送等场景都可以用物联网技术实现人、车、货、仓的精细化管理以及作业效率的提升。例如在运输过程中,依托物联网技术可以实时采集车辆位置、行驶速度、胎温胎压、油量油耗、驾驶员行为、装载重量等数据,实现车、货、人信息的综合分析、统一决策,大幅提高车队调度管控能力、车队运力以及驾驶安全性,科学安排双向装载率,提升运输效率。

对于医药、生鲜农产品冷链运输,温度控制是实现高品质冷链物流服务的核心因素,未来以5G通信作为底层支撑,推动智能传感器、RFID、二维码、智能控制装备与货车、货物深度融合,在分拣、包装、运输、仓储、配送各个环节中实时获取车辆位置、货厢温湿度、震动信息、制冷设备运行状态等数据,实现货车、货物、装备状态全流程监控;同时还要加强货厢温度远程控制能力,当温湿度异常预警时,车队管理系统具备远程控制制冷设备重启、温度设定等操作,可以有效降低货物损耗率,最终实现冷链运输全场景透明可视、精准可控、信息可查的综合管理体系,保障全程不断链。

三、趋势三:基于5G的远程驾驶成为现实

随着快递业务量不断增加,快递运输工作量也在大幅增长。传统有人驾驶运输方式越来越不能满足现代化运输高效、安全、低成本的要求。而自动驾驶技术将打破这一局面,落地至快递业,即为无人货运卡车,其未来能够颠覆传统长途运输形态,从根本上解决有人运输存在的耗时长、人工多、安全性低等问题。

根据国际公认的SAE(Society of Automotive Engineers,美国汽车工程师学会)自动驾驶分类体系,自动驾驶技术可划分为L0~L5六个等级,从L0演进到L5级别,是安全系数提高,汽车逐步掌管操控权的过程。目前中国无人货运卡车正处于L4级研发测试阶段,京东、苏宁物流等已经在进行实景测试,但现阶段的技术水平距离大规模商用仍有相当长的路要走。

从技术角度分析,自动驾驶主要由感知系统、规划决策系统、执行控制系统三部分组成,其中感知系统是自动驾驶汽车上路安全运行的关键基础。目前大部分自动驾驶感知系统的基础数据来源于车载传感器,但其无法获取远离自身或被遮挡的环境信息;除此之外,目前还有一种主流感知方式,即V2X(Vehicle to X,车用无线通信技术)技术,它可以和其他车辆及设施实时共享自身状态信息,具备突破感知盲区的信息获取能力。车载传感器和V2X两种感知技术协同工作,将提高自动驾驶感知维度,实现全方位环境网络信息获取。但V2X技术的核心性

能在于实时性和多连接,目前的通信设施尚不能为其提供有效支撑。

凭借5G低时延、大带宽、广连接的特性,未来将极大推动V2X技术落地,实现车-车、车-路、车-环境物体之间的无缝连接,为全场景自动驾驶提供先决条件,加速无人驾驶实现进程。

同时,远程驾驶作为自动驾驶的补充在未来具有广泛的应用场景,尤其是恶劣环境和危险区域,如无人区、矿区等,远程驾驶将大幅提升操作效率以及驾驶员工作舒适性和安全性,一人远程控制多辆自动驾驶汽车,或在自动驾驶汽车出现异常时实施远程人工干预等都将成为可能。5G网络的低时延、大带宽,则是实现远程高精度控制和高可靠性运行的重要保障。目前已经有多个基于5G的远程驾驶成功演示案例。未来,干线运输使用无人驾驶,而首末两端使用远程驾驶技术的解决方案或将最先落地应用。

四、趋势四:AR技术落地快递业

AR技术在快递业的应用将获得巨大拓展,仓储、运输以及末端配送都将成为其重要应用场景。

仓储环节。仓库作业中复杂烦琐的环节是货物的分拣和复核,AR技术可以协助员工以最佳路线到达拣货位置,然后系统会显示目标货物及其数量,最后在员工进行拣选操作时判断并提示是否为正确操作,大幅提高拣选效率和正确率。AR技术还可以应用于仓库设计。在AR设备的帮助下,工程师在仓库内部进行仓库布局的可视化调整,最后直接输出三维仓库模拟图纸,仓库的设计效率会得到极大提升。

运输环节。AR设备可以将货物类型、包裹重量以及是否属于易碎品、易燃品等相关信息直观地显示在工作人员面前,方便操作。在货车上路状态下,AR眼镜或车载AR还可实时进行路线指引,遇到路线缺失的情况,驾驶员可以手动或者使用智能语音助手向数据库中添加信息,不断完善路线数据库。

配送环节。AR技术可以优化配送路线,准确及时地显示路况,AR设备还可以协助快递员在最终派发时进行编号检索、门牌号识别以及用户身份验证,以提高派遣效率,保障"最后一公里"派送。

五、趋势五:绿色包装转向智能化

目前,绿色发展已经成为新时代的发展主题,快递行业通过绿色包装来减少污染,降低碳排放,实现快递行业绿色发展。国务院、国家发改委、商务部、工信部、国家邮政局等系统针对快递绿色包装已经出台了系列文件,尤其是2020年底到2021年初,快递绿色包装各项政策更是密集出台,文件要求大力推进减量包装技术、智能包装技术、循环使用包装技术、可降解快递包装技术,减少包装垃圾,尤其是电商快递包装垃圾,实现快递包装绿色化发展。未来,利用深度学习等技术,综合分析快件数量、体积和包装箱尺寸等基础数据,形成智能化包装方案,同时结合循环周转袋、循环箱、共享快递盒和冷链保温箱的智能循环体系建设与应用,不仅可有效缓解过度包装和快递垃圾等问题,还可以在循环均摊过程中持续降低成本,在未来具有重要应用前景。

绿色包装智能化升级。近年来,涉及材料与工艺、感知传感器以及交互入口的智能包装技术得到快速发展。通过感知传感器的植入,包装更具"智慧"性,通过可变二维码、RFID 技术可以实现更加便捷、安全的人机数据交互方式。例如将 RFID 技术与循环箱相结合,基于物联网技术建立高效的快递循环箱编码追踪机制,实现循环箱在分拣、仓储、运输、配送、回收的全流程在线,通过一箱一芯,让循环箱从装载货物到回收入库,全场景可透明、可追踪、可溯源。同时 RFID 还可以取代快递运单,节约纸张资源,并且能够有效增强用户信息脱敏能力,实现包裹信息在整个环节都处于加密状态,从根本上解决用户隐私信息泄露问题。

回收循环机制措施多维度创新。在回收循环机制措施方面,可以从消费者、快递电商、第三方环保机构企业和回收模式四个层面出发,形成一套全方位、高效的回收系统,如图 4-1 所示。

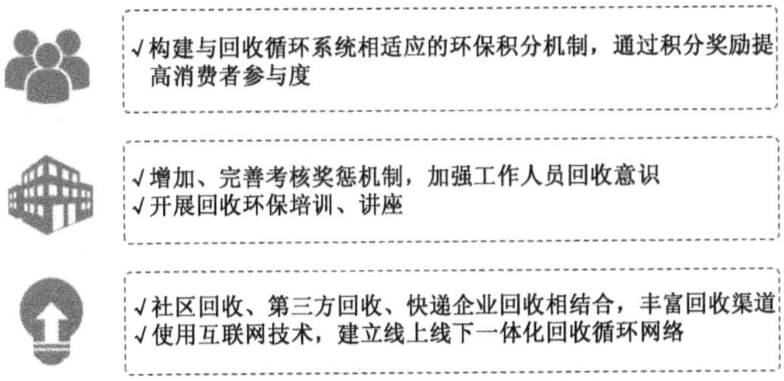

图 4-1 回收循环机制措施

随着绿色包装智能化升级、回收机制措施的有效落实和消费者回收环保意识的逐步提高,回收循环体系将健康高质量运转,同时循环运营管理平台与快递实时运单系统进行数据共享,可实现循环箱的实时监控、区域分析、循环效率、库存管理、异常提醒、遗失报警等功能。未来将形成全体社会成员共同参与、以循环箱为载体、通过数据驱动循环的可视化智能循环体系。

第二节 快递业科技重点研发方向

为贯彻落实《中共中央关于制定国民经济和社会发展第十四个五年规划和二〇三五年远景目标的建议》和邮政业科技创新工作会议精神,加强科技研发统筹谋划,推动快递业高质量发展和高效能治理,国家邮政局发布了《"十四五"邮政业应用技术研发指南》,明确指出了未来五年行业科技发展的重点研发方向。

一、仓储技术

研发穿梭车立体存储货到人系统。利用立体货架实现货品高密度存储，穿梭车搭配提升机和滚筒线在系统调度下可快速完成料箱存取，实现自动化立体仓库的高速、有效出入库作业，解决仓库出入库效率低下问题。重点研发穿梭车本体、控制系统和货架集成系统，在控制系统下可高效移动到任意存储位进行货物的存取。

研发AGV货到人拣选系统。研发仓储AGV货到人拣选系统，适用于拆零拣选作业越来越多的场景，实现货找人，在提升拣选效率的同时降低作业成本。重点研发仓储AGV货到人拣选系统，包括储存系统、输送系统和拣选系统。储存和输送系统采用AGV实现货物的存取与输送，存储形式主要为托盘存储和料箱（或纸箱）存储。拣选系统采用固定拣选站模式，实现全自动供箱，可按订单拣选也可按集合单拣选，可切换盘点模式和合箱并箱模式。

研发AGV协同搬运系统。研发多个AGV协同搬运，适用于异形、大型快件难以搬运的场景，实现仓储作业的快进快出。重点研究具备集群作业和抗干扰能力的AGV协同搬运系统，采用集群技术在实时确认所有AGV位置的同时，进行AGV间的交互和协作，实现集群作业。

研发智能叉车。研发基于混合导航方式的无人叉车，适用于仓内复杂情况的货物搬运和堆码，实现叉车的全自动智能运行。重点采用惯性导航、激光SLAM导航、5G视觉、激光等导航技术，使叉车能够实现障碍物识别与定位、人体骨骼的识别与定位、人员接近报警（或跟踪拣选）、实时动态定位和地图构建，在接收调度指令后完成托盘搬运和存取等各项任务。

研发托盘自动交换系统。研发托盘自动交换系统，实现仓储货物托盘自动交换，安全高效运行，节约人力成本。重点研发智能举升设备，在保证货物稳定的情况下，将原有托盘取下后替换新托盘，最后将货物与新托盘重新放置在原位，实现托盘的自动更换。

研发环境监测与预警设备。研发主要监测仓储环境参数与出入库设备的监测预警平台，通过研究仓储火灾、温湿度、气体浓度、设备故障等风险，构建三维环境感知与传输网络，实现基于人工智能的全场景风险评估和预警，以及基于5G技术的实时通信，提高仓储的安全管理水平。重点研发多元信息感知智能监测节点，搭建安全隐患泛在感知监测网络，开发基于大数据与云计算的实时监测与风险感知智能预警平台，建立故障数据资源库和风险模型，并构建故障评估量化指标体系。

二、分拣技术

研发新一代交叉带分拣机。研发适用于不同包裹大小的交叉带分拣机，提高分拣效率，实现分拣作业的自动化和无人化。重点整机架构设计，主机机械结构设计，PLC（Programmable Logic Controller，可编程逻辑控制器）实时控制系统和电控系统以及配套部分（导入台、格口、分拣小车等)的设计与开发。

研发自动细分输送系统。研发适用于分拣中心和末端网点的自动分拣设备、标准货运箱和标准运输车辆。分拣设备能够识别不同寄递企业的包裹,加快包裹的分拣效率,并将包裹细分至每位快递员。通过标准货运箱和标准运输车辆精准输送到每位快递员,实现共同配送与联合运输。重点研究单片机控制系统、动态称重系统、体积测量系统、标准货运箱、标准运输车辆等,设备具有标准、通用、简易、轻巧、占地面积小的特点,适用于分拣中心和末端网点,将分拣与配送相结合,实现"最后一公里"的智能化与标准化。

研发分拣机器人。研发分拣机器人,实现包裹分拣与搬运一体化作业,为分拣中心提供智能化作业手段。重点研究实现机器人的自动控制、自动导航、自动规划路径、自动避障、自动堆放、自动盘驳和精准分拣,实现全自动化流程管理,减少人工作业成本,提高分拣准确率。

研发分拣机械臂。研究具备高速自动码垛或智能分拣功能的分拣机械臂,对包裹进行高效分拣处理,实现分拣作业的自动化水平,降低人力成本。重点研究高速度、高可靠性的多关节机械臂,适应于供件台、分拣格口、传输线等各类场景以及不同品类和规格的货物,实现柔性化和模块化分拣。

研发自动装卸设备。研发自动装卸系统,适用于货物在月台与运输车之间的传输场景。货物通过自动装卸系统进出处理中心或仓库,实现货物在运输车与处理中心或仓库之间的自动传输。重点研究自动装卸系统,包括厢式运输车、车上自动装卸装置和月台传送系统、信号采集、自动控制、智能监控装置等。通过设备、车辆之间的协同作业,代替人力和叉车,完成货物的自动装卸和自动传输,提高装卸作业效率。

研发智能称重量方设备。研发智能称重量方设备,实现快件的自动输送、条码扫描、重量测量、体积复核、运费计算等,对异常包裹进行自动剔除,提升快件处理中心的自动输送和自动测量能力。重点研究条码识别、重量检测和体积检测等技术,条码识别技术主要采用线阵或面阵相机进行条码的读取;重量检测技术主要采用静态称或动态称的方式;体积检测技术主要采用线阵相机或激光检测的方式。

研发智能单件分离设备。研发智能单件分离系统,实现散件或矩阵末端堆集件的拆堆叠、打散、排队、居中(靠边或分流)功能,使快件满足上自动化分拣设备条件,提升处理中心的自动化能力。重点研究采用图像识别技术与运动控制技术,实现单件排队,并能准确控制队伍间距。

研发智能六面扫描设备。研发智能六面扫描设备,配合分拣等设备,实现货物的任意面扫码,提高分拣效率和准确率,降低人工劳动强度。重点研究高性能智能相机、智能读码器和工业光源,实现对包裹的六面扫描,快速识别运单信息,并上传信息系统。

三、运输技术

研发干线无人机。研发大型干线无人机，适用于长途跨省干线运输场景，无人机采用旋翼或固定翼设计，能源使用油动或油电混合动力，实现快递运输的降本增效。重点采用总体布局方案优化及先进气动力设计，使无人机具备大载重、长航时性能；采用总体参数优化设计和无人机滑跑性能分析及测试，实现短距起降能力；采用光电设备目标定位，结合气象环境影响，计算投放轨迹，实现复杂空域下的精准投放。

研发支线无人机。研发低成本、多场景、智能化的中短途运输投送无人机，适用于省内的支线运输场景，以及特殊的山区、海岛、边防地区物资运输，满足行业对无人机实现中短途快递运输的需求。重点研发支线无人机，重点突破短道起降、定点空投、飞行控制、导航和电池等技术，实现无人机在各类复杂场景下的平稳运行和精准投递。

研发无人机航电系统。研发无人机航电系统，提升无人机航电系统的可靠性和稳定性，提高无人机应对各种复杂环境的能力。重点研究多余度飞控、动力、通信和导航定位系统等，提高无人机在动态环境下对自身和外界的态势感知能力以及飞行控制能力。

研发运输资源实时监控和调度系统。研发运输资源实时监控和调度系统，通过实时对运输资源在整个运输过程的状态进行监控和预警，实现对运输资源更加科学有效的调度，提高资源利用率，降低运营成本。重点研发信息获取和传输技术，并结合大数据对运输资源进行监控和管理，为中长期运输资源投入规划和短期资源调度、监控及预警提供有力支撑。

四、末端技术

研发末端配送无人机。研发末端配送无人机，无人机采用旋翼或固定翼设计，能源使用油动、电动或油电混合动力，实现系统之间信息实时交互，配送运行安全，物品可追溯，提升末端配送效率，降低人工成本。重点通过研究气动外形设计、电池管理技术、货物搭载方式和飞控技术，研发断桨保护、前下视避障、无 GPS 导航、自主应急迫降和伞降等功能，实现从站点或前置仓到客户的无缝衔接，以及无人机配送同其他服务流程的自动对接。

研发无人机与智能快件箱接驳系统。研发部署末端无人机快递接驳平台，具备无人机起落、包裹装卸、电池更换和充电等功能，使无人机配送真正实现自动化和无人化。重点研发配套齐全的无人机起降场，能够辅助无人机自动精准降落，完成包裹的自动装卸和电池的自动充电；研发货仓内部流转系统能够自动分配包裹到柜体内部的存储位；研发面向用户的自助收寄、包裹自动检测和运单自动生成系统，实现收寄自动化。

研发可自主换电换货的地面站。研发供无人机起降的地面平台，该平台具备可自主完成对无人机的货物装卸、加油充电和电池装卸，并提供电池的存放、货物的存放和用户的存取货等功能。重点研究可自主换电换货的地面站，实现无人机的自动更换电池和电池的转运、存放、充电等操作，以及货箱的自动装卸、储存和转运等操作，并通过监控系统对地面站进行监视和远程控制。

研发室外无人车。研发自动驾驶技术及无人车配套硬件，以末端配送业务为核心，解决末端配送等候时间长、多班次传站以及客户隐私保护等问题，减少人工作业，实现末端配送的无人化和智能化。研发机器人安全防护系统，防止机器人受外界攻击，影响正常生产与人身安全。重点研发无人车自动驾驶、人机交互、系统调度等技术，实现无人车自主行驶、地图创建、路径规划、避障行车、信号灯识别等功能；研发无人车在通过路口、停靠站点和行驶途中实时交互和多方式取件，以及后台监控人员实时通过语音和视频方式远程介入等功能，推动无人车在末端配送中的应用。研发机器人安全防护系统，包含机器人的操作系统、网络接口、配置管理和部件的安全防护技术等。

研发室内无人车。研发室内无人车，适用于小区和楼宇内部的配送场景，实现无人车自动行走、自主上下楼梯、自动规划线路、自行避障等功能，同时为客户提供引路、货物运送等服务。研发机器人安全防护系统，防止机器人受外界攻击，影响正常生产与人身安全。重点研发无人车自主路径规划、自主定位、障碍物自动检测和基于5G的多车调度等系统，实现无人车主动避障、自主呼叫电梯、智能语音通信、快捷配送等功能。无人车采用新能源，减少环境污染。研发机器人安全防护系统，包含机器人操作系统、网络接口、配置管理和部件的安全防护技术等。

研发新一代手持终端。研发便捷、高效、低成本的手持终端，提供功能齐备、安全可靠的终端设备，提高作业效率，降低劳动强度。重点研究终端嵌入式操作系统、无线通信、外形结构设计、屏幕超宽视角显示、电池续航、电池充电和终端防尘防水防摔等。

研发可穿戴设备——AR智能眼镜。研发AR智能眼镜，将5G技术、人工智能技术与智能装备相结合，实现人机交互和信息的及时处理，在降低单个智能眼镜的成本和重量的同时，提高眼镜的算力和能力，提升作业的准确性和便捷性。重点研发可穿戴式AR智能眼镜，以操作人员视角采集影像并进行分析处理，实现运单信息的自动识别与提取，同时呈现在操作人员的自然视野内。研发离线语音识别和语音合成技术，实现语音命令控制和语音播报，作为视觉呈现的有效补充，实现及时、准确、便捷的人机交互和信息处理。

研发智能信包箱（智能快件箱）。研发覆盖邮递员、快递员和用户的零等待、零距离、无接触的自助寄取设备，将寄取件流程集于一体，实现方便、快捷与高效的寄取服务。重点研究智能信包箱，具备自动称重、实名认证、运单自动打印、语音提示等寄件功能，具备取件码、扫码、人脸识别等多种取件方式，实现安全便捷的寄件和取件服务。

研发智慧驿站。研发智慧驿站，实现远程巡查、安防监控、货物追溯和实名收寄等功能。研发包裹智能存取和信息控制系统，提高驿站包裹存储量，加快包裹存取与寻找速度，保障寄递安全与快捷。研发智慧驿站公共资源信息平台，实现不同智慧驿站的资源共享，减少驿站的重复建设与应用壁垒。重点研发智慧驿站，包括智能存取设备、人脸识别设备、智能运单读取设备、认证核验比对终端、安防监控摄像头、消防、管理系统等技术设备，并通过云服务为全国站点和驿站提供智能化的应用服务。

五、新型基础设施

研发寄递地址编码系统。研发最小编码单元精确至房间的统一寄递地址编码规则，作为社会公共基础资源提供给不同寄递企业、不同用户使用。将寄递地址编码系统与人工智能技术相结合，实现智能分单。提高寄递企业分拣效率和用户便利程度，促进末端共同配送，提升用户隐私保护能力。重点建立标准地址与编码数据库，研发标准寄递地址公共信息服务平台，以及面向用户的寄递地址公共信息服务系统，实现寄递地址查询、电子地图定位导航、个人寄递地址管理、智能分单等服务。

研发寄递地图。研发快递行业专属地图，从数据层面和应用层面上对地图做深度定制和开发，提供完善的寄递地图解决方案，有效提升揽派效率和精准性，让寄递作业变得有迹可循。重点研究精度更高、数据维度更多的寄递地图，寄递地图精度能达到厘米级别。地图具备道路形状、坡度、曲率、车道线类型、宽度等常规数据，还包括高架物体、防护栏、道路边缘类型以及路标等目标数据。

研发寄递数据管理和服务平台。研发寄递数据管理和服务平台，推动快递、铁路、民航等行业信息共享交换，提高政务数据管理和利用能力。重点研究行业基础数据标准化，采集寄递服务、运行、监管等数据元，实现快递行业与交通运输、安全监管、应急管理等政府部门的数据共享交换；通过数据融合，智能分析挖掘数据要素价值，为政府、企业、机构和社会公众提供专业服务，加速开展数据融合共享和增值服务。

研发跨境通关平台。研发跨境通关平台，解决快件跨境电子商务中的通关、结汇、退税、产品安全及征信等问题，提供更加高效便捷的跨境通关服务。重点打通海关、电子口岸、监管仓储的数据交换接口，实现数据的交互汇总；打通海外仓、海外物流、境内监管仓，实现海外物流网络与全国物流网络的联通；打通第三方支付企业、银行等金融机构接口，实现人民币跨境支付、在线购付和在线结汇等金融服务。

研发应急物资管理平台。研发应急物资管理平台，应对疫情、地震、洪水等突发灾害，实现救灾物资接收、存储、输送与派送的高效便捷，提升快递行业应对灾害的反应和保障能力。重点研究物资入库、物资申请、物资派送、物资统计和定向审批等功能，将政府部门、生产企业、捐赠者和灾区等连接，实现物资的高效收派与追踪，提高快递行业应急反应和保障能力。

六、运营管理系统

研发园区智能化管控系统。实现快递园区内车辆、包裹、人员和能源的智能化管控，提升园区运作效率。重点研究智能车辆管理：依托 5G 技术实现车辆入园路径自动计算、路径导引、最优车位匹配、车牌识别，实现无人重卡、无人驾驶轻型货车、无人巡检机器人调度行驶；智能人员管理：通过人脸识别系统实现员工出入管理，通过电子围栏实现区域人员权限控制，并对园区人员进行行为分析和动线分析；智能包裹管理：提供包裹位置全程追踪，以及出入库、粗分、细分等关键实操节点的视频画面快速提取回溯；智能能源管理：基于物联网平台提供能耗计量，为用户提供可视化的数据展示和智能化的策略建议。

研发园区无人化安防系统。研发无人化安防系统，实现快递园区的全域实时监测、无人化巡检以及异常情况的自动识别，提升园区监控能力。重点研发基于5G的园区内高清视频拍摄、回传和展示，实现全域视频监控；研发基于5G和无人机、无人车的自动巡检；结合图像、视频分析算法模型，识别园区内人员、障碍物等异常情况，并主动推送给管理人员处理。

研发仓内数字化生产系统。实现仓内货物、设备和人员的智能协作以及生产的可视化，提升快递园区的生产效率。重点研究智能作业协同：通过自动识别仓内商品实物体积，匹配最合理车辆，提升满载率；实现仓内所有智能设备的互联互通、统筹调度和定位跟踪；实时动态调整排班，提供月台停靠引导和收货提醒服务；生产状态可视化：基于2D或3D空间建模技术，对生产场地、设备运行状态、人效产出信息和要素进行数字化和可视化管理。

研发智能语音申投诉系统。研发智能语音申投诉系统，降低客服人员工作压力，提高处理效率，提升客户体验。重点研究在线客服机器人：能够与用户实现多轮对话，为不同类型用户自动画像，准确感知用户情绪，精准判别用户意图，提供个性化应答，真正解决用户问题；语音客服机器人：具备语音应答（自动转接）和语音外呼（自动呼出）能力，以拟人化的语音交互为用户提供服务；智能调度：实现用户咨询和服务资源之间的最优调度，降低用户等待时长，提升用户体验，优化客服中心的人员利用率。

研发智能投递区域规划系统。研发智能投递区域规划系统，平衡各投递区域业务量，使网点规划更加合理，建设投递区域公共资源信息平台，实现末端共配、资源共享，节约人力成本。重点基于对投递区域配送现状的刻画和分析，采用聚类算法实现投递区域的业务量均衡，并通过积木化、网格化、GIS化的线上可视化操作，有效提升网点工作效率，促进末端配送资源的优化配置。

研发智能选址系统。研发仓储、分拣和网点选址系统，促进网络选址的智能化，并对人效产能进行科学分析，实现寄递网络的成本最优和精细化运营。重点深入分析配送网络的单量密度、运输成本、配送成本、固定成本和时效要求，在保证配送时效和服务质量的前提下，实现配送网络的科学合理布局。

七、绿色环保

研发循环周转袋。研发循环周转袋，减少一次性编织袋的使用，节约企业运营成本，减少环境污染和资源浪费。重点研发材料复合工艺，实现循环周转袋多次重复使用，采用RFID技术实时收集周转袋中转、流向信息，实现全程可追踪。

研发循环箱。研发新型循环箱，结合 RFID 技术和加密技术，实现对循环箱的追踪溯源和循环使用，节约成本，减少环境污染。重点研发可多次循环利用的新型包装材料、信息加密技术，实现操作简易方便、减少胶带使用、结构设计可追溯和保护客户隐私等目的。

研发循环周转系统。实现循环包装回收利用，减少一次性包装的使用，增强可循环包装在线管理能力，节约寄递成本，减少环境污染和资源浪费。重点研发循环周转系统，包括末端回收设备、回收信息系统、消毒系统、包装材料等，实现商家、用户和寄递企业的无缝连接，保证循环包装多次重复使用，实现包装运输全程的可追溯。

研发可降解包装。研发采用无机物 + 添加剂或有机物 + 聚乳酸 + 玉米淀粉等材料制成的可降解包装，在自然条件下被生物降解成二氧化碳和水等，不产生危害物质。重点研究生产成本低、生产工艺简单、可批量化生产、具备行业内大规模推广潜质的环保材料。

八、冷链生鲜

研发冷链保温箱。研发适用于生鲜类产品寄递的可循环冷链保温箱和冷媒技术，减少一次性泡沫箱的使用，减少寄递物品损耗，推动冷链服务健康发展。重点研发冷链保温箱和冷媒，保温箱采用先进的隔热材料，具有抗冲击、抗压、防尘防水、容易清洗和成本低等特点，冷媒无毒无味、绿色环保，保证在寄递途中生鲜类物品的储存运输。

研发智能生鲜自提柜。研发采用人工智能物联网与制冷技术的智能生鲜自提柜，兼具冷藏、冷冻和保温功能，能够快速制冷与在线调温，弥补寄递末端冷藏存储设施的不足，减少生鲜物品损耗，实现生鲜产品全链条冷链配送。重点研发智能生鲜自提柜，采用高性能压缩机，实现快速制冷、整体发泡、快速隔温；采用物联网控制技术，实现设备的远程管理，在线调温，远程通信和数码门锁自动开启；支持刷卡、密码、微信及 App 远程开柜等多种开柜方式。

研发快递冷藏车。研发高性能冷藏车，防止货物在运输过程中受到外界温度、湿度等条件影响而发生腐烂变质，提高货物运输的安全性，减少货物损耗和环境污染。重点研发具备隔热结构的冷藏车厢、制冷装置和车厢内温度记录仪，保障生鲜冷藏商品在配送的全流程实现恒温运输，降低物品的腐损率，冷藏车宜采用新能源，减少环境污染。

研发冷链温控系统。研发冷链温控系统，能够对接主流温控设备，实现温度数据实时上传与监控，保证货物在运输过程中的质量与安全。重点研发温控系统与温控硬件，实现温控数据的实时记录，通过手持终端和电子围栏等技术，实现温控数据的汇集和温湿度全程监控。

九、安全技术

研发智能视频监控系统。通过视频图像智能识别，实现对营业场所、分拨中心和运输车辆的违规行为、安全隐患的自动检测、及时报警和智能监控，达到“问题能发现、隐患能排除、事故能减少、监管能提效”的目的。重点研发智能视频监控系统，包括智能算法调度平台、智能算法训练平台、智能视频分析平台、智能视频边缘硬件等技术和装备，实现仓储、运输、收揽、配送全流程视频信息的智能监控。

研发智能安检系统。研发具备“无人值守、快速检测、智能识别、自动判图、自动报警、自动筛选”等功能于一体的高速智能安检机以及手持便携式小型毒品和爆炸物检测仪等安检设备，实现对寄递物品高效、无损、智能的检测和管理，全面提升安全检测能力，保障行业高效安全运行。重点研发智能安检系统，通过大数据平台实现多模态数据的有机整合，对多模态数据进行挖掘分析，突破智能检测技术瓶颈，实现高速检测和高速数据处理。

研发基于区块链的防伪溯源平台。将区块链、大数据和人工智能等技术与供应链相结合，发挥寄递渠道优势，实现对农产品、药品和贵重物品等在寄递各环节的安全追溯。重点研发基于区块链建立产品防伪溯源平台，实现寄递物品生产、加工、销售、仓储和配送等整个环节被永久性、去中心化地记录，提升物品安全管控能力。

研发基于区块链的信用平台。将区块链技术与快递企业、个人征信相结合，利用非对称加密算法加强对征信过程中信息采集、储存、处理和利用的保护。重点研发将个人与企业的身份、行为以及执法检查、消费者申诉、信访举报等信息上链进入信用评价系统，监管机构、社会其他主体基于链上信息进行信息通报、信用惩戒、主体评价、信息公开共享等。利用分布式记账、非对称加密、共识机制等技术确保上链信息更加完整、真实、可信。

研发基于生物识别技术的数字认证服务平台。研究基于密码技术及生物识别技术，建立生物识别数字认证服务平台，实现用户端身份鉴别、活体检测、人脸识别、数字签名等功能，保障登录人员身份真实可靠，保障重要数据真实、完整、抗抵赖。重点研发基于生物识别技术与可靠身份鉴别、可靠电子签名技术相结合的数字认证服务平台，与现有的数字证书服务体系、密钥体系整合，实现对寄递用户仅需经过一次可信身份鉴别与数字证书认证，就可在后续的使用中完成认证登录及电子签名操作，提供高效、智能、便捷的数字认证服务。

第五章

快递业科技发展任务与保障

快递业将以习近平新时代中国特色社会主义思想为指导，全面贯彻党的十九大和十九届二中、三中、四中、五中、六中全会以及中央经济工作会议精神，坚决贯彻习近平总书记关于邮政快递业指示批示精神，坚定不移贯彻新发展理念，坚持稳中求进工作总基调，以推动高质量发展为主题，以深化供给侧结构性改革为主线，以改革创新为根本动力，着力稳态势、促改革、强基础、畅循环，统筹发展和安全两件大事，统筹事业与产业双轮驱动，毫不放松抓好常态化疫情防控，加快邮政强国建设步伐，为构建新发展格局作出积极贡献。

第一节　快递业科技发展的主要任务

一、深化行业改革创新，激发科技发展活力

持续推进法规制度建设。研究建立适应数字经济新形态、具有前瞻性的法规制度体系，营造公开、公平、有序、高效的快递市场环境。推进快递业公共资源开放，鼓励公共数据和公用设施共建共享。加强行业数据信息管理制度建设，强化数据安全管理和个人隐私保护，推动基于互联网＋大数据的行业监管和服务制度创新。

持续推进市场化改革。推进有利于行业数字化转型的市场化改革进程，促进行业数据开放共享和优化配置，避免过度干预或市场垄断。持续深化行业企业改革，健全现代企业制度，增强企业活力、竞争力和影响力。推动民营企业不断完善管理制度，健全可持续的运营机制。鼓励特许经营型快递企业通过合作、收购、股权置换等方式，完善产权激励机制。鼓励行业企业开放合作和有序竞争，促进行业资源优化配置。

创新运营管理和寄递服务模式。鼓励快递企业与地方政府、园区、行业组织和重点企业等全面合作，加快智能＋运营模式创新，服务制造业转型升级和农业现代化，提升生产流通消费整体链条的运转效率。鼓励快递企业广泛合作，促进基础设施、寄递线路、人员和终端设施共建共用，加强农村和中西部地区寄递服务网络，着力补齐服务短板。鼓励与智慧城市、智慧社区、数字乡村建设有效衔接，打造以人为核心的安全、高效寄递服务新模式。

推进“智能＋”科创改革。以“科技强邮、智创未来”为导向，加强科技体制改革和制度创新。创新行业科技联合攻关机制，发挥多主体协同创新作用。加强科技成果转化，完善相关体制和激励制度。加快落实中央科技创新的重大决策部署，加强与国家发改委、科技部、工信部和交通运输部等行业部门协作。以提高快递业发展质量和效益为中心，打破跨界跨域制度性壁垒，培育下一代网络、大数据、人工智能、区块链等与快递业深度融合新优势，提升行业“智能＋”服务客户水平、生产运营水平、协同监管和服务水平，开创快递业“智能＋”科创新时代。

二、统筹基础网络建设，提升新型基础设施能级

加快基础网络能力升级。加快传统基础设施的数字化、网络化、智能化转型升级，推进快递基础网络与信息基础设施、融合基础设施和创新基础设施等新基建同步协调发展。持续加强通达全球、智能高效、安全便捷的服务网络体系构建，加快拓展航空、铁路（高铁）、公路、水路寄递网络升级，推动多式联运和多规融合衔接。加快发展冷链等高附加值、高标准的专业快递服务网络。大力推动以农村和西部地区为重点的快递服务网络建设，拓展基础网络覆盖范

围，创新无人机等先进适用手段。借助物联网和大数据等手段，加快对快递基础网络规划、建设、管理的智能化升级，实现对基础网络运行的动态监测、有效评估和持续迭代优化。

大力推进新型基础设施共建共享。积极推进行业性、区域性快递基础设施网络的共建共享，加强与地方城市、乡村、园区和大型工矿企业创新发展协调联动，提升快递基础设施集约化发展水平。推动跨地区跨领域系统对接和数据共享，加快地方快递基础设施布局建设与地方土地规划、城乡区域规划等衔接联动，衔接综合交通体系和多式联运发展。推动快递基础网络建设运营服务的开放创新，借助网络平台和共享经济新模式提升行业基础设施、服务资源等社会化利用水平，加快基础网络共建共用共治进程。

加强城乡末端网络共建共享。推动快递基础网络、设备设施资源及终端配送网点等资源云化，重点推动城乡末端网络等共性基础设施的高效协同共享。推动快递末端网络建设与智慧城市、数字乡村同步协调发展，提升面向社区、农村的服务保障能力。在城市与连锁商业机构、便民服务设施、社区公共服务中心、机关学校以及专业第三方企业等开展多种形式的寄递服务合作。加强寄递网络末端设施设备的共建共用，利用信息化手段建设或改造末端服务网点，提升网点标准化、智能化程度，形成多元化末端寄递服务体系。鼓励快递企业共建共用服务网络末端基础设施，探索通过共享共配的方式建设最佳末端代理点，解决末端配送问题。

三、夯实行业数据基础，释放数据资源要素价值

加强数据资源采集汇聚。强化快递行业数据资源管理的顶层设计和统筹规划，逐步实现行业内、行业外政务和社会数据的分级分类有效汇聚和高效使用。推动快递业基础数据以及行政许可、行业统计、行政执法、普服监管、市场监管、安全监管、信用管理、公共服务等数据汇聚，构建行业政务数据资源体系。梳理行业数据需求和数据资源开发利用现状，统筹谋划快递行业数据采集渠道和采集规则，建立面向主要快递企业、电商平台的数据采集体系，提升数据时效性、准确性和完备性，加强数据标准和规范建设，大力提升数据质量和数据治理水平。推动政务数据和社会数据融合，逐步形成统一高效、互联互通、安全可靠的行业数据资源体系。

提升数据分析处理能力。鼓励引导专业机构，运用大数据挖掘技术，面向结构化和非结构化数据建立专业算法库，提供数据分析共性支撑服务，在行业监管、应急预警等方面加强数据分析利用。构建数据可视化服务平台，充分利用人工智能技术对多模态、异构数据强化分析利用，为行业治理和服务提供指标化、图形化、模型化、可配置的决策支持、智能调度、应急指挥等有效支撑。建立由业务专家和数据专家组成的专业团队，开展与专业数据平台合作，有效推进基于快递大数据的快递大脑谋划和构建，服务行业、企业和部门决策、运营和服务。

推动行业数据开放共享。积极对接国家政务数据共享交换平台，加快行业公共性和公益性数据开放共享，持续完善数据开放标准、开放平台、开放目录和开放服务，完善数据开放共享定级，保障行业数据在政务部门的广泛共享利用。统筹电商平台、快递企业、行业联盟及其他

主体，探索推进各方利益最大化的协作机制，共建行业数据公共服务平台，推动部门、行业和企业间基于行业需求和应用场景的数据共享。针对普遍性数据共享需求，研究制定数据互联共享标准和操作办法，鼓励行业企业间有序、有限、有效的数据共享，支持企业之间加强系统互联和业务联动，破除数据壁垒和对有效数据流动的制约，提升数据共享实效，降低成本、保障安全。

推进数据要素市场化。加快培育行业数据要素市场，推动数据要素有序流动和优化配置，加强政府引导、调节与监管，根据行业发展需要分类施策，坚持需求牵引、场景牵引、因势利导、急用先行。鼓励综合研判存量数据资源的社会化开发利用可行性，优先面向区域和行业的政府科学决策、市场监管、公共服务、战略统筹等开放数据，提供数据增值服务。鼓励快递企业与交通运输、农业、制造业等产业企业、大数据专业机构持续深度合作，发挥各自特长，促进行业数据融合利用。强化快递业数据在开发利用全过程中的安全监管和有效治理，增强快递业数据安全和个人信息安全保护能力。

四、建设行业共性平台，培育集约协同发展新模式

推动行业性大平台建设与服务。打造行业统一的寄递综合服务互联网平台，打通运营企业系统壁垒，实时同步和大范围集成寄递相关数据，为公众及企业等提供全流程、全业务、全球范围、个性化的寄递线路、实时状态、服务目录等信息服务，打造便捷、安全、高效的统一服务入口。构建共性信息化支撑服务平台，整合各企业相关资源，引入大数据、人工智能等专业平台技术能力和管理经验，建设完善行业大数据中心、解决方案和典型案例库、行业云服务，探索推进行业企业上云用数赋智的新模式，全面提供行业地图、寄递线路、地址资源等共性支撑服务，降低行业数字化转型成本与风险，发挥平台和数据赋能行业的基础作用。

建设完善行业协同创新平台。持续深化政府引导、企业主导、科研院所发力的多主体协同的科技研发创新体系建设，探索推进创新实验室、产业创新基地、科研共同体等新模式新载体建设。鼓励构建以企业为主体的行业性、区域性协同创新平台，促进技术、资金、人才、场景需求融合汇聚，加大研发平台、共性设施设备、科技大数据等共建共享力度，促进科研资源的优化配置、协同整合和高效利用。加大跨界融合技术研发投入，强化多主体协作，推进人工智能、区块链、5G、大数据等在智能安检、智能视频监控、智能语音、智能路径优化和无人装备设施等重点领域实现新突破。

建设完善科技成果转化与服务平台。加快行业科技成果转化与服务平台建设，充分利用互联网平台和优势科技服务资源，构建新技术供给和新业务需求及时、全面、有效衔接的工作机制，强化知识产权保护，加大科技人才激励力度，加快技术成果转化速度。加快新一代信息技术成果在邮政行业的转化融合应用，围绕新技术与行业决策、治理、运营和服务等结合点，培育引导数据驱动、人机协同、跨界融合、共创分享的行业新型应用场景，促进智能化、平台化、绿

色化新业态新模式发展。

五、构建协同监管体系，加快行业治理现代化进程

统筹推进电子政务建设应用。 加强行业电子政务建设的统筹协调和统一管理，大力推进行业大网络、大平台、大数据、大服务建设，梳理整合散、乱、小功能交叉系统，打通行业内系统和数据壁垒，构建兼具灵活性、可扩展性、先进性和安全性的“互联网＋政务服务”新体系。推动行业信息化系统与各层级、各领域电子政务系统的联通和协作。持续提升快递业跨层级跨业务的一体化在线服务平台水平，有效对接全国一体化在线政务服务平台，实现全流程网上办理和“一门、一次、一网”。按照“互联网＋监管”建设要求，积极推动行业信息系统与国家各大监管平台的互联互通，创新行业数字监管水平。

加快推广监管数字化应用。 加快数字化技术和智能化设备在行业监管中的应用部署。推进快递寄递渠道安全监管“绿盾”工程建设，提升数据监测、综合研判和协同监管能力，实现动态可跟踪、隐患可发现、事件可预警、风险可管控、责任可追溯目标。建设快递业大数据中心，充分利用数据挖掘、处理和可视化等关键技术，有效支撑重大决策、运行研判、诚信管理、风险预警、应急处置、行政执法等管理活动，提升政府治理现代化水平。

推动建立多元协同治理新模式。 针对快递市场监督对接政府部门多、涉及区域领域的问题，在交通运输、行政许可、安全监管、应急管理、促进发展等方面，加快推进与相关部门的信息交互和协同联动，推进对新业态的协同监管。加强快递行业安全监管的标准规范建设，促进跨行业和区域的数据共享、信息安全、寄递安全、业务机制等衔接和联动。构建数据融通、业务相通、多元协同的行业监管和多元治理新机制，强化对重点地区、重点部位、重要活动时期的协同管理和综合执法，实现监管过程动态化、透明化、法治化，推动行业治理的精细化、多元化、网络化、现代化，提升行业安全发展水平。

六、推动全链全业融合，同步数字经济与科技发展大势

促进产业链上下游融合发展。 鼓励快递企业加强大数据、5G、物联网、人工智能、区块链等新一代信息技术在仓储、运输、配送、末端等供应链和价值链各环节的规模化应用，提高全产业链数字化水平，提升全链融合水平和辐射带动能力。依托行业大数据高效整合快递业务上下游资源，促进商流、物流、信息流、资金流等无缝衔接和高效流动，缩减中间环节成本，提高全产业链的服务效率和响应速度。推动供应链一体化建设，发展仓配一体化服务、产品追溯管理服务等，助推电商、新零售、即时配送、智能仓储、第三方技术服务等产业更好更快发展。

推进服务链条块融合创新。 充分利用集成共享的代收、代投、自取、智能快件箱、智能自提柜等末端服务基础设施，鼓励快递企业与物流、物业、综合服务站等深化条块融合的服务模式。促进快递企业间协同联动，依托智慧社区和数字乡村建设等加强快递服务与政务服务、医疗服

务、文化娱乐服务、社区便民服务、城市管理等领域协同联动，构建城乡一体、线上线下融合的末端综合服务体系。鼓励末端服务链拓展，推动与生活性服务业全面融合，为居民提供本地资讯、社区活动、闲置物品置换、健康养老等便民利民惠民的集成服务，助力数字生活服务体系建设。

构建全业联动发展新格局。鼓励推动快递企业充分利用平台企业和行业龙头企业的技术创新优势、服务资源优势与配送网络优势，在电子商务、跨境寄递等方面创新合作模式、拓宽合作领域。鼓励推动行业企业下沉乡村市场，开展"乡村服务升级"行动，推广"一地一品""一市一品"和"快递＋"金牌项目，打造农特产品"直通车"，支撑农产品"生产基地＋社区直配"模式发展，服务乡村振兴。鼓励推动行业企业与制造业深度协作，提供订单配送、仓配一体化等服务，创设制造业"移动仓"和"移动工厂"，推进工业产品和工业原材料的及时精准送达，积极服务制造强国建设。鼓励推动快递业与旅游文化、教育科技、健康养老、体育会展等深度合作，构建现代服务业协同发展新格局，有力支撑数字经济与实体经济融合发展。

七、创新开放合作模式，拓展国内国际双循环发展格局

借力开放发展，加快"网络走出去"。借助我国持续提升的国际影响力和全球化贸易水平，加快建设通达全球的快递寄递服务网络，不断融入后疫情时代全球化发展新格局。充分利用全球快递业数字化转型契机，创新科技合作新模式，加快供应链体系一体化建设，对接欧美日等发达国家，加大在"一带一路"等领域国际交流合作，提升快递业国际化发展水平。全面开放国内快递包裹市场，对等支持外资企业在华投资和中资企业海外业务发展，开展国际化寄递网络协作，培育提升寄递企业全球化运营管理能力。

强化协同发展，助力"产业走出去"。鼓励快递企业全面融入自由贸易试验区、跨境电商综合试验区等开放前沿，大力开拓全球货运及寄递市场。鼓励快递企业构建丰富的国际快递、专线物流、海外仓、海外转运等跨境货物运输解决方案，提供高性价比跨境出口和进口服务包。鼓励快递企业全面提供收寄、分拣、运输、投递、支付、通关、结税、退税等综合性一揽子解决方案，切实提升跨境服务综合能力。鼓励快递业与先进制造、科技企业、农业龙头企业等"协同出海"，为中国制造、中国产业"走出去"提供有效支撑，积极参与制造业全球性供应链建设，主动服务全球产业链分工分化。

加快整合协作，推动全球性布局。鼓励国内企业通过并购、控股、重组等方式联合或整合资源，快速提升国际化业务能力。顺应国家战略发展，发挥快递业在联合或整合全球资源方面具有的天然优势，结合自身发展需要，重点关注航空公司、机场、铁路、公路运输、港口、海外仓等全球资源，促进快递枢纽、分拨中心、营业场所与上述资源整合。支持快递企业与境外当地企业在仓储管理、落地配送等环节加强合作，提升在海外的综合服务能力。注重社会文化和无形资产层面的整合协作，鼓励优质科技、标准和服务走出去，打造全球化的快递品牌，推动实现

快递企业国际软实力大幅提升。

第二节　实施机制和保障措施

一、健全统筹工作机制

加强快递业科技的统一领导和统筹协调，建立行业科技发展领导小组，将科技创新内容纳入快递行业“十四五”相关规划编制与贯彻落实。建立快递行业科技创新工作协调机制，将全局信息化、电子政务、数字经济与科技相关工作统一归口科技部门统筹管理，明确各级各单位责任分工，加强工作统筹和重大问题协商，强化指导、督查和考核，抓好重大工程项目和重大政策的落地实施。推进省级及以下行业监管机构根据需要，制定本级科技创新文件，明确年度工作任务和目标。加强对科技工作实施情况和成本收益的跟踪评估，及时把握新情况、新问题，切实发挥引领作用。

二、优化政策法规环境

优化快递业发展政策环境，研究出台与产业联动发展、服务网络拓展、市场主体培育、寄递安全保障、国际化发展、绿色发展等相关的配套政策措施。完善快递业法律法规体系，推进《中华人民共和国邮政法》《快递暂行条例》等修订完善，创造促进快递行业科技发展的良好法制环境。推动快递业科技创新领域标准制定工作，推进已有标准执行，发挥标准在提升服务、加强管理中的应用作用，推进《关于促进跨境电子商务寄递服务高质量服务发展的若干意见（暂行）》《国家邮政局　商务部关于规范快递与电子商务数据互联共享的指导意见》等落地，加强跨境电商寄递协同监管。

三、加强资金引导扶持

加大资金投入力度，创新投融资模式，综合利用政府、企业和社会资金，重点保障基础性、公益性、前瞻性重大项目建设实施。完善财政资金的长效投入机制，充分利用中央、地方财政支持的稳定资金来源，将快递基础设施项目纳入城乡新型基础设施和公共服务项目范围，对农村和中西部地区予以重点支持。引导地方有效利用商务部、农业农村部等关于农村电商、益农信息社等工作机制和资金，加快农村地区快递服务网点建设。充分利用科技部科技研发资金，支持相关企业积极申报参与各类研发项目。鼓励社会资本参与快递行业科技发展，形成多渠道、多层次、多元化的投入格局，探索建立快递业产业发展基金，大力支持行业科技研发、成果转化、应用示范等发展。

四、强化专业人才引培

健全人才评价制度，完善与高等院校、科研机构、行业协会、企业联合培养人才的模式，加快行业紧缺人才、优秀管理人才、专业技术创新人才、技能名师人才、实践教学人才等的培养。结合快递业改革发展形势，开展互联网、大数据、云计算、人工智能、区块链等新知识新技能学习培训，全方面拓展领导干部视野格局，提升科技发展素养、优化知识结构。推动实施快递业高端引智计划，吸引国际机构高层次人才来华联合研发技术装备、参与企业经营管理、参加重大项目建设和开展专项培训。

五、深化国际互利合作

推动将快递业政府间对话、行业和企业协作作为新时代大国外交的必要内容，促进快递与对外贸易、跨境电商、全球供应链协作等协调发展。引导优势企业与国际快递、电子商务、技术装备等企业深化合作，带动快递业设备、技术、标准和服务走出去。支持行业企业联合境内外上下游企业在“一带一路”沿线国家协同布局，实现资源共享、互利共赢。探索借鉴领先的快递、金融机构等外资企业的理念、经验、技术等，在科技发展、流程优化、经营管理等方面深化合作。

参 考 文 献

[1] 国家邮政局发展研究中心. 日本邮政 2019 财年经营情况概览[EB/OL]. https://baijiahao.baidu.com/s?id=1648172621379095207&wfr=spider&for=pc, 2019-10-23.

[2] 王俊康. 国际邮政动态[EB/OL]. https://mp.weixin.qq.com/s/8KTPzmZa5L20yncnGbeMsA, 2021-03-06.

[3] 王俊康. 国际邮政动态[EB/OL]. https://mp.weixin.qq.com/s/vDC0P5aCa3-BRCHTA8v91Q, 2021-03-19.

[4] FedExPlus. 联邦快递承诺到 2040 年实现碳中和运营[EB/OL]. https://mp.weixin.qq.com/s/UKZTZtk2yqE3UxNEnu3sxg, 2021-03-04.

[5] 王俊康. 国际邮政动态[EB/OL]. https://mp.weixin.qq.com/s/-MIqzmGiVq-TY2uSkmUM4g, 2021-02-26.

[6] 曾娟娟. 科技助力快递业提质增效[EB/OL]. http://www.chinapostnews.com.cn/newspaper/epaper/html/2019-11/05/content_121529.htm, 2019-11-05.

[7] 尹军琪. "货到人"拣选技术及其应用[J]. 物流技术与应用, 2015.

[8] 江宏. 物流无人化发展状况与趋势展望[J]. 物流技术与应用, 2019, 24(02):45-48.

[9] 速途研究院. 2017 上半年智能快递柜市场报告[J]. 互联网天地, 2017, 000(008):24-25.